COLLECTION LATOMUS
VOL. 356

---

# SODIALES FLAVIALES TITIALES

# LATOMUS

www.latomus.be

La Revue *Latomus*, fondée en 1937 par M.-A. KUGENER, L. HERRMANN et M. RENARD, ainsi que la « Collection Latomus », fondée en 1939 par M. RENARD, sont publiées par la « Société d'études latines de Bruxelles - Latomus », A.S.B.L. La revue paraît quatre fois par an. Elle forme annuellement un tome de 500 à 1.200 pages. Chaque article est signé et l'auteur en est seul responsable. Tout ouvrage intéressant les études latines adressé à la revue fera l'objet d'un compte rendu dans la mesure du possible, mais aucune réplique ne pourra être insérée.



**Présentation des manuscrits :** voir le site électronique <www.latomus.be>.

**Contact :** Prof. David ENGELS, directeur général de *Latomus*, Boîte Postale 54, B-1170 Bruxelles (Belgique), info@latomus.be.

**Abonnements et commandes :** Éditions Peeters, Bondgenotenlaan 153, B-3000 Leuven, Belgique. <peeters@peeters-leuven.be> ; site internet : <http://www.peeters-leuven.be>.

**Pour l'achat des tomes I à XXI**: Schmidt Periodicals GmbH, Dettendorf, D-83075 Bad Feilnbach <schmidt@periodicals.com> ; site internet : <http://www.periodicals.com>

COLLECTION LATOMUS
Fondée par M. Renard en 1939
Continuée par J. Dumortier-Bibauw
et C. Deroux (directeur honoraire)
Dirigée par D. Engels
VOLUME 356

Diego M. ESCÁMEZ DE VERA

# Sodales Flaviales Titiales:
## culto imperial y legitimación en época Flavia

ÉDITIONS LATOMUS
BRUXELLES
2016

ISBN 978-90-429-3414-6
D/2016/0602/94

# Índice

# 1. Introducción.

Los *sodales Flauiales*, creados inicialmente por Tito a imagen y semejanza de los *sodales Augustales Claudiales* para llevar a cabo el culto debido a *diuus Vespasianus*, siguen siendo, aún a día de hoy, un misterio en cuanto a su organización, composición y funcionamiento. El fragmentario estado de las fuentes, o la directa ausencia de las mismas en algunos casos, ha llevado a que el conocimiento histórico sobre este colegio sacerdotal sea escaso respecto a ejemplos coetáneos de época altoimperial romana. Elementos como la dudosa identificación de sus actas, y por tanto la dificultad de crear una hipótesis firme sobre datos tan básicos e importantes como el número de integrantes que lo conformaban, la aparente carencia de un *flamen* específico que coordinase las actuaciones de la *sodalitas* en Roma[1] o su escasa aparición en las fuentes clásicas convierten el estudio del colegio en un verdadero rompecabezas histórico.

No es de extrañar, por tanto, que hayan corrido ríos de tinta desde la primera publicación del controvertido artículo de Momigliano titulado "Sodales Flauiales Titiales e Culto di Giove[2]", en el que se aventuró, por vez primera, la posibilidad de la existencia de una relación de dependencia entre los *sodales Flauiales Titiales*, encargados del culto de los miembros deificados de la *gensFlauia*, respecto del *flamen Dialis*. Sus argumentos se basaban, principalmente, en la presencia del máximo sacerdote de Júpiter durante la instauración del Agón Capitolino por Domiciano en el 86, conocida a través de la relación que hace Suetonio en su *uita Domitiani*[3], y en la ya mencionada ausencia epigráfica de un *flamen diui Vespasiani* o un *flamen diui Titii* en Roma.

Si bien sus argumentos fueron discutidos debido a lo aventurado de su hipótesis, dado el efecto transgresor de estos sobre la tradicional consideración de la condición del *flamen Dialis* como sacerdote dedicado exclusivamente al culto de Júpiter, su teoría sigue teniendo hoy día un especial peso a la hora de analizar y comprender la creación y composición de dicha *sodalitas*, sobre todo teniendo en cuenta que, como esperamos demostrar a lo largo del presente trabajo, sus consideraciones iniciales no se han visto sino reforzadas con el paso de los años.

[1] SUESS (2011), p. 118.
[2] MOMIGLIANO (1975), p. 657-666, p. 657-666.
[3] SUET., *Dom.* 4.

A pesar de que la principal fuente para la investigación del presente colegio sacerdotal es, sin duda alguna, la epigrafía, los estudios realizados hasta la fecha han descansado de forma exclusiva sobre dicha disciplina en demasiadas ocasiones, dejando de lado, en algunos casos, datos de interés rastreables a través de la literatura o de la iconografía relacionada con el culto imperial flavio. De esta manera, consideramos que la contextualización de dicha *sodalitas* dentro del sólido y omnipresente aparato propagandístico flavio podría ofrecer un nuevo enfoque al conocimiento de dicho colegio.

El papel preponderante de los *sodales Flauiales Titiales* dentro de la ideologíaimperial de época flavia hace que sea imposible realizar un análisis del mismo fuera del contexto que hace de su existencia una necesidad. Su función sacerdotal hacía los *diui* imperiales ejercía, al mismo tiempo, un papel justificador y consolidante del poder del gobernante para nada desdeñable. La rapidez de su creación por parte de Tito poco después del fallecimiento de su padre, confirmada por la existencia de miembros de dicho colegio en epígrafes datados durante su gobierno[4], y el mantenimiento y modificación del mismo bajo Domiciano[5], que llevaría a tal *sodalitas* al centro de la vida religiosa y política romana, nos hablan claramente de la preocupación de ambos gobernantes por la divinización de su progenitor, probablemente debida más al rédito político e ideológico de tal medida que a *pietas* filial.

Nos proponemos, por tanto, estudiar a los *sodales Flauiales Titiales* a través de la recopilación y análisis de los nuevos datos aportados por la investigación histórica y arqueológica, intentando arrojar luz sobre esta *sodalitas* que sigue planteando numerosos interrogantes al investigador. Para ello, sin embargo, tendremos en mente el contexto ideológico y político en el que se enmarca la creación y desarrollo de dicho colegio sacerdotal, intentando evitar la visión excesivamente unilineal del problema existente hasta la fecha. Aún así no podremos evitar analizar y recoger los epígrafes en los que se menciona al colegio sacerdotal sujeto del presente estudio, siendo, como ya hemos dicho, nuestro principal caudal de información al respecto y no existiendo una recopilación actualizada de los nuevos hallazgos acaecidos en los últimos años.

[4] *ILS* 8970 = *AÉ* 1999, 1576 = 2000, 1425

[5] MOMIGLIANO (1975), p. 663-664.

## 2. *Sodales Flauiales Titiales*: creación, estructura y contexto ideológico.

En muchas ocasiones se ha achacado a Vespasiano, fundador de la dinastía flavia, un presunto desinterés respecto a la divinización imperial. La frase que Suetonio[6] pone en sus labios a la hora de su muerte ha sido utilizada reiterativamente como un argumento a favor de la poca importancia que personalmente daba a la *apotheosis*, interpretándose como una burla directa del emperador hacia este honor[7].

Evidentemente, esta visión resulta excesivamente reductivista. Si bien es cierto que Vespasiano anula el culto al *genius* del emperador y hace desaparecer a los *diui* Julio-Claudios de los ritos de los hermanos Arvales[8], lo haría solo con la intención de evitar mostrar públicamente la evidente carencia de lazos dinásticos con la anterior casa imperial[9]. Vespasiano, como fundador de una nueva dinastía, trata por todos los medios de convertirse en un nuevo Augusto, de volverse un referente al que retrotraer la legitimidad del poder de sus descendientes. El propio Suetonio[10], a través del cual conocemos las irreverentes palabras atribuidas al emperador en su lecho de muerte, confirma también sus pretensiones dinásticas, llegando a poner en labios de Vespasiano la afirmación de que le sucederían sus hijos o nadie. La numismática también muestra esta tendencia, existiendo acuñaciones, datadas en fechas tan tempranas de su gobierno como el año 70, en las que se representan a Tito y Domiciano junto a su padre bajo la denominación de *Caesar Aug(usti) f(ilius)*[11].

Del mismo modo debería interpretarse su continua insistencia en la elección de su dinastía por parte de Júpiter, representante celeste del poder político, a través de la propaganda. La reconstrucción del Capitolio tras su destrucción durante la lucha entre vitelianos y flavianos en el contexto de la guerra civil del 69, durante la cual, no debemos olvidar, Domiciano fue salvado por la divinidad según la propaganda flavia, se convierte en el perfecto símbolo de la

[6] SUET., *Vesp.* 23.
[7] FISHWICK (1965), p. 155-157; LEVICK (1999), p. 197.
[8] GRADEL (2002), p. 189-190.
[9] HAECKL (1996), p. 11; HÖLSCHER (2009), p. 46.
[10] SUET., *Vesp.* 25.
[11] RIC II. *Vesp.* 16.

restauración de la *pax deorum*, al encontrar Júpiter, en Vespasiano y su *gens*, los perfectos candidatos para asumir las riendas del destino de Roma[12].

En el mismo sentido propicio a la justificación religiosa de su dinastía a través de su conversión en *diuus* apuntan su aceptación al tratamiento pseudodivino desplegado en Egipto durante la guerra civil[13] o el hecho de que bajo el gobierno de Vespasiano se encuentren las primeras muestras de culto imperial oficial centralizado en el occidente romano, destinadas, evidentemente, a la consolidación de una nueva dinastía alzada al poder por las armas[14].

La *apotheosis* de Vespasiano, como un emperador elegido para la restauración de una Roma en ruinas, sería, en este contexto, uno de los mejores medios para conseguir la legitimidad dinástica negada por la baja condición de su nacimiento. Por tanto, es difícil imaginar un rechazo directo de Vespasiano hacia su propia divinización ya que, a través de la misma, se convierte en un nuevo Augusto divinizado, fundador y legitimador de una dinastía elegida por la divinidad para dirigir los destinos de Roma[15]. Como dice Plinio, con la deificación de Vespasiano, Tito puede llamarse a sí mismo hijo de un *diuus* mientras que Domiciano, a la muerte de Tito, puede llamarse hijo y hermano, respectivamente, de dos *diui*[16].

Como ya hemos mencionado en la introducción, la creación de los *sodales Flauiales*, encargados del culto al *diuus Vespasianus* tras su fallecimiento, puede datarse con seguridad hacia los años 79 u 80 gracias a una inscripción, hallada en el ninfeo de Mileto, en la cual se recoge el *cursus honorum* de Marco Ulpio Trajano[17], padre del futuro emperador, comandante de la *legio X Fretensis* durante la guerra judaica y personaje de absoluta confianza de la dinastía flavia[18]. Es muy probable que dicha creación inicial de los *sodales Flauiales* respondiese a una imitación de los modelos Julio-Claudios de divinización, creando una *sodalitas* a imagen y semejanza de los ya asentados *sodales Augustales Claudiales*[19].

Igualmente debemos señalar, aunque sea tratado más adelante en mayor profundidad, que también se realizará, con ciertos cambios respecto a sus predecesores Julio-Claudios, la construcción de templos en honor al emperador

[12] ESCÁMEZ (2012b), p. 437-462.

[13] GRACCO RUGGINI (1981), p.186-200. Por otro lado han sido interpretadas como una aportación domicianea al imaginario ideológico flavio, basándose, entre otras cosas, en la ausencia de dichos milagros alejandrinos en la propaganda de los primeros años de Vespasiano y en la tendencia egipciaca de tiempos de Domiciano. LUKE (2010), p. 88.

[14] FISHWICK (1965), p. 156.

[15] MCFAYDEN (1915), p.135-136.

[16] PLIN., *Pan.* 11, 1.

[17] ALFÖLDY (1998), p. 367-399.

[18] MASIER (2009), p. 121.

[19] MARQUARDT (1890), p. 222.

divinizado. Ya bajo Tito, se comienza a construir a los pies del Capitolio el templo del *diuus Vespasianus*, solo completado bajo el gobierno de Domiciano[20], el cual, a su vez, construirá la *Porticus Diuorum*, en el punto exacto del Campo de Marte dónde Vespasiano y Tito pasaron la noche anterior al triunfo judaico[21], y el *Templum Gentis Flauiae*, situado en el lugar de nacimiento del propio Domiciano[22].

A pesar de esta imitación del modelo Julio-Claudio, claramente un intento de crear una justificación dinástica propia debido a la ausencia de lazos familiares con la anterior dinastía gobernante, saltan pronto a la vista divergencias fundamentales que diferencian claramente ambos modelos. La ya mencionada ausencia de *flamines* propios de cada emperador divinizado que coordinasen la actuación de los *sodales* o la aparente indiferencia con la que se utilizan los términos *Flauial* y *Titial* en la epigrafía, frente a la rigidez de la fórmula *Augustales Claudiales*, son diferencias de base que muestran claramente la intencionalidad consciente del aparato imperial de reforzar determinadas características de la legitimidad imperial frente a otras.

## 2.1. *SODALES FLAVIALES* O *SODALES FLAVIALES TITIALES*: LA *SODALITAS* IMPERIAL EN ÉPOCA DE DOMICIANO.

Una de las diferencias fundamentales respecto a la organización del colegio sacerdotal Julio-Claudio, mencionada poco antes, es la indiferencia con la que se utilizan los términos *Flauial* y *Titial* en la epigrafía. De esta manera, en los epígrafes conservados siempre se menciona a los *sodales* dedicados al culto de Augusto y de Claudio como *sodalis Augustalis Claudialis* o, en su defecto, como *sodalis Augustalis*, debido al mayor prestigio del culto al primer emperador. Igualmente, jamás se ha documentado la existencia de un *sodalis Claudialis* que aparezca sin añadir antes el título de *Augustalis*. Frente a esta homogeneidad del registro epigráfico en el caso Julio-Claudio, nos encontramos la variabilidad que caracteriza al colegio flavio, conservándose ejemplos de todas las combinaciones posibles de los términos *Flauial* y *Titial*. De esta manera, los miembros del colegio son recogidos como *sodalis Flauialis*[23], *sodalis Titialis*[24], *sodalis Flauialis Titialis*[25] *o sodalis Titialis*

[20] DE ANGELI (1999), p. 124-125.
[21] COARELLI (1995a), p. 19-20.
[22] MASIER (2009), p. 70.
[23] *ILS* 8970 = *AÉ* 1999, 1576 = 2000, 1425
[24] *AÉ* 1973, 200 = 2000, 269.
[25] *AÉ* 1979, 399 = 1952, 168

*Flauialis*[26]. En algunas ocasiones llega a darse el caso de que un mismo personaje es mencionado con diferentes modalidades en epígrafes distintos[27].

Dicha variación de términos ha llevado a la exposición de diversas hipótesis por parte de los investigadores. Scott defendió, en su clásica obra sobre el culto imperial en la dinastía flavia[28], que dicha variación de términos respondía a la existencia de dos colegios claramente diferenciados entre sí, implicando, por tanto, que no era necesaria la pertenencia a uno de ambos colegios para asumir el cargo de *sodal* en el otro. Su argumentación se basa, principalmente, en un epígrafe dedicado a la diosa Nemetona, hallado en Moguntiacum, en el que se recogen los cargos sacerdotales del dedicante, Cayo Fabricio Veiento[29]. En el epígrafe se menciona a Veiento como *sod(alis) Flauial(is)/sod(alis)<T = I>i<t = I>ialis*, lo que llevó a pensar al investigador que, efectivamente, se trataban de dos colegios perfectamente diferenciados. Esta diferencia, sin embargo, sería impuesta, siempre según Scott, tras la caída de Domiciano, cuando el colegio entra en decadencia tras la desaparición de la dinastía a la cual sustentaba ideológicamente. El orden de los adjetivos en cada caso marcaría, dentro de su esquema interpretativo, el orden en el que el personaje concreto fue cooptado en cada uno de los colegios sacerdotales, lo cual explicaría, a su manera de entender, la variabilidad epigráfica característica de esta *sodalitas*.

Dessau[30], al igual que Momigliano[31], no comparte la opinión de Scott, afirmando que el *sod(alis)* precedente al término *<T = I>i<t = I>ialis* sería un mero error del lapicida que, dada la variabilidad de términos de dicho colegio, sería perfectamente comprensible. Igualmente, la utilización de los diferentes términos en la epigrafía sería meramente una variación epigráfica. Sin embargo, como bien afirma Suess[32], la variedad epigráfica quizá no sea una explicación tan obvia ya que, como ya hemos mencionado más arriba, otros colegios, como el de los *sodales Augustales Claudiales* si siguen unas normas concretas a la hora de reflejar el cargo sacerdotal en la epigrafía. De esta manera, la variedad de términos de la *sodalitas* flavia podría mostrar la no existencia de una normativa clara o una significación desconocida marcada por su variabilidad.

Por su parte Rüpke[33] señala que la variedad epigráfica de *sodalis Titialis* solo aparece en el registro en época muy tardía respecto al periodo flavio,

[26] *ILF* 8975 = *AÉ* 1897, 19

[27] Es el caso de L. Plotius C. f. Sabinus, mencionado como *sodalis Titialis Flauialis*en *CIL* VI, 41112 y como *sodalis Titialis* en *CIL* VI, 31746.

[28] Scott (1936), p. 80.

[29] *CIL* XIII, 7253 = *ILS* 1010. Img. 1.

[30] Dessau (1877), p. 211-213.

[31] Momigliano (1975), p. 657.

[32] Suess (2011), p. 120.

[33] Rüpke (2008), p. 721.

explicándose esta divergencia en una mera evolución temporal, o, incluso, en que en algunos casos se hayan identificado erróneamente a *sodales Titii* como *sodales Titiales*. Tal es el caso de Torelli, que atribuye a Cayo Fabricio Veiento el cargo de *sodal Titii*, a partir del mencionado epígrafe de Moguntiacum, en el cual se observa, sin embargo, con total claridad el término *<T = I>i<t = I>ialis*[34]. El autor va aún más allá cuando, basándose en la exaltación de la sabinidad por parte de Domiciano, llega a afirmar que el colegio de los *sodales Flauiales Titiales* no es otro sino el de los *sodalesTitii* que, tradicionalmente considerado como responsable el culto al sabino Tito Tacio, sería reformulado por Domiciano como colegio de culto imperial Flavio[35]. A pesar de que, efectivamente, elementos como la ubicación del *Templum Gentis Flauiae* en el Quirinal señalan un énfasis en la sabinidad de la dinastía Flavia, no han trascendido pruebas de la unificación de ambos sacerdocios, existiendo ambos de forma paralela y diferenciándose, claramente, en la epigrafía[36]. Dichos *sodales Titii* habían sido retomados por Augusto con motivo de la amplia restauración religiosa que lleva a cabo durante su mandato y tendrían un papel importante durante la época Julio-Claudia, sirviendo de modelo para la creación, por parte de Tiberio, de los *sodales Augustales*[37].

Una pista importante que contradice a las visiones de los *sodales* como dos colegios diferentes, sería una inscripción hallada en Bovillae[38] en la que se recoge la denominación *[sodaliu]m Flaui[alium Titialium]*. La terminología utilizada, en singular, indica claramente la existencia de un colegio sacerdotal único, sin haber una separación entre *Flauiales* y *Titiales*.

De igual modo, este epígrafe ha sido interpretado como una nueva similitud entre los *sodales Flauiales Titiales* y el colegio sacerdotal que les sirve de modelo, los *sodales Augustales Claudiales*. Esta inscripción demostraría la realización de ritos concretos del colegio de culto imperial fuera de la ciudad de Roma a imitación de los *Augustales*, los cuales fueron encargados del mantenimiento de los cultos en el altar existente en Bovillae en relación con los *Iulii*. En el 16 se crearía, en relación a dicho altar, un *sacrarium gentis Iuliae*[39] mencionado por Tácito[40], que sería, así mismo, el lugar donde se

[34] Img. 1.

[35] TORELLI (1999), p. 241, n. 60.

[36] Un ejemplo claro sería el epígrafe *AÉ* 1909, 239, en el que se recoge a un sodal Flavial, C. Pomponius Rufus Acilius Tuscus Coelius Sparsus, y a un sodal Titii, Q. Pomponius Rufus Marcellus, hijo del anterior, perfectamente diferenciados por su titulatura en el mismo epígrafe. RÜPKE (2008), p. 850-851.

[37] MONTERO (2014), p. 191-192.

[38] *CIL* XIV, 2397 = *CIL* VI, 1989.

[39] *CIL* I, 807 = XIV, 2387.

[40] TAC., *Ann.* 2, 41; 15, 23.

depositaban las listas oficiales de miembros de la *sodalitas*[41]. La ciudad de Bovillae se encontraba a diez millas de Roma por la vía Appia y en ella reposarían, tras la destrucción de Alba Longa, ciudad de origen de los *Iulii,* los *sacra* albanos[42].

A pesar de todo ello es útil, igualmente, el señalar que algunos de los epígrafes más tempranos, probablemente de época de Tito o de Domiciano, señalan al personaje como *sodalisFlauialis*, pero no como *Titialis*.Esta tendencia se explicaría perfectamente en el caso de Marco Ulpio Trajano, nombrado *sodalis Flauialis* antes de la muerte de Tito[43], pero, en el resto de casos, podría indicar el mantenimiento de la terminología única *Flauialis* también durante el gobierno de Domiciano[44], como han defendido diversos investigadores. Sin embargo, disponemos de dos epígrafes que, datados en época de Domiciano, muestran a dos *sodales Flauiales* que, en contra de lo defendido habitualmente y como veremos más adelante, ya muestran el apelativo de *sodales Flauiales Titiales*, demostrando que este término ya era utilizado en época domicianea[45].

Mc Fayden[46], sin embargo, defiende que los *sodales Flauiales* no fueron creados hasta época de Domiciano, momento en que el que los *Flauiales* son encargados del culto al *diuus Vespasianus* y al *diuus Titus* y al resto de *diui* flavios. Hoy día, gracias a la ya mencionada inscripción de Marco Ulpio Trajano sabemos que, efectivamente, estos se habían creado ya durante el gobierno de Tito, que les encargaría la custodia de los ritos destinados a su progenitor divinizado. Afirma también que sería ilógico pensar en una terminología como *sodales Flauiales Titiales* ya en época del último de los flavios ya que, en sus propias palabras: "The phrase Sodales Augustales Claudiales is stricly logical. It denotes "the college that has in charge the worship of Augustus and Claudius". The phrase Sodales Flaviales Titiales, however, is strictly tautological. It may be paraphrased "the college that has in charge the worship of the Flavii and one of the Flavii, viz., Titus"

De esta manera, la propia titulatura indicaría una redundancia de términos que, además, entraría en directa contradicción, según el autor, con el resto de actuaciones de Domiciano en términos de culto imperial, en las cuales se ha defendido tradicionalmente el predominio del tratamiento de la *gensFlauia* como un bloque y no como una agrupación de personalidades divinizadas

[41] DESSAU (1877), p. 206; MARQUARDT (1890), p. 220-221; VARHELYI (2002), p. 33.

[42] PACI (2008), p. 375-390.

[43] ALFÖLDY (1998), p. 367-399. *ILS* 8970 = *AÉ* 1999, 1576 = 2000, 1425.

[44] Sería el caso de C. Bellicius Natalis Tebanianus (*CIL* XI, 1430 = *ILS* 1009, sarcophagus) y Q. Pomponius Q. f. Rufus (*CIL* VIII, 13 = *IRT* 537).

[45] M. Pompeius Silvanus Staberius Flavinus (*AÉ* 1979, 399) y A. Didius Gallus Fabricius Veiento (*CIL* XIII, 7253 = *ILS* 1010).

[46] MCFAYDEN (1915), p. 140-141.

individuales[47]. Por lo tanto, a través de la argumentación de McFayden, parece lógico pensar que, efectivamente, el apelativo *Titialis* pudo ser añadido a posteriori, y no en época Flavia. Esta teoría se vería respaldada, además, por la mención de Suetonio únicamente de los *Flauiales* y no de los *Flauiales Titiales* al hablar de la presencia de dicha *sodalitas* en el Agón Capitolino[48].

Esta argumentación entraría sin embargo en contradicción directa con una la inscripción de Maguncia en la que se recoge a Veiento como *sod(alis) Flauial(is)/sod(alis)<T = I>i<t = I>ialis*[49]. La doble presencia del título *sod(alis)* respondería no a un error del lapicida, como se ha defendido, sino a una intencionalidad consciente: remarcar la pertenencia a los *sodales Flauiales* desde antes de su conversión en *sodales Flauiales Titiales* a la muerte de Tito y, probablemente, desde el mismo momento de su fundación[50].

En el pasado, dicho epígrafe generó mucha controversia. Dessau, al igual que más recientemente Suess[51], defendía una cronología posterior a los Flavios para el epígrafe: ya en el 97, bajo el gobierno de Trajano. Dar una fecha más allá de la mera hipótesis a falta de nuevos datos era imposible, debido a la larga carrera del senador, ya presente en época de Nerón y más que probablemente activo hasta el gobierno de Trajano. Por su parte, McDermott identifica, parece que por confusión de términos, el calificativo *<T = I>i<t = I>ialis* con la supuesta pertenencia de Veiento a los *sodales Titii*[52].

Afortunadamente a día de hoy disponemos, gracias a algunos investigadores[53], de una datación bastante certera del epígrafe en las campañas de Domiciano en el 83 contra los Chatti[54] basándose, principalmente, en el propio epígrafe de Maguncia. Este está dedicado aNemetona, principal diosa de la *ciuitas* de los Nemeti, los cuales ya habían participado en la represión de los Chatti en el 51 y probablemente participarían del mismo modo en época domicianea. La ubicación de este epígrafe y su dedicación a una diosa de la guerra se ha puesto en relación con un fragmento de un *carmen* perdido de Estacio, el *De Bello Germanico*[55], en el cual se recoge una mención al tercer consulado de Veiento, que aparece por primera vez en esta inscripción de Maguncia, y su condición de *comes* del emperador junto a Quinto Vibio Crispo[56] durante la guerra contra los Chatti.

47 McFayden (1915),p. 137-138.

48 Suet., *Dom.* 4, 4.

49 *CIL* XIII, 7253 = *ILS* 1010.

50 McFayden (1915), p. 141; Dessau en *ILS* 1010.

51 Suess (2011), p. 121.

52 McDermott (1970), p. 136-137.

53 Masier (2009), p. 133, 136.

54 Degrassi (1952), p. 24, 179; Syme (1958), p. 214; Garzetti (1960), p. 299-300; Jones (1973), p. 79-90; Jones (1992), p. 128-131.

55 Schol. en Iuv. 4, 94.

56 McDermott (1970), p. 136; Masier (2009), p. 323.

Sin embargo, el caso de Veiento no es aislado, ya que disponemos de otra inscripción procedente de Arelate, en la que McDermott identificó erróneamente al mismo Veiento, debido a que recoge a un triple consular[57], en la que se nos muestra el *cursus honorum* del año 83[58] de un personaje llamado M. Pompeyo Silvano Staberio Flavino[59] .

Esta inscripción confirmaría que, más allá de cualquier tipo de error del lapicida, tenemos dos epígrafes en los que se mencionan a dos *sodales* de época de Domiciano, probablemente dos de los miembros fundadores que se sentaron junto a él en el Estadio Domiciano con motivo del Agón Capitolino tal y como describe Suetonio[60], que son denominados, hacia el año 83, como *sodales Flauiales Titiales*. Este hecho contradice abiertamente la idea preconcebida sobre la creación, por parte de Domiciano, de una *sodalitas* dedicada a los *diui* de la *gens*, ya que respeta el culto individualizado en el caso de los emperadores ya iniciado por los Julio-Claudios y continuado por Tito tras la muerte de su padre. Así, ya que los *sodales* de los emperadores en época Julio-Claudia también rendían culto a las *diuae*, que no tenían *sodales* propios[61], no comprendemos la insistencia académica en mantener a la *sodalitas* flavia como un caso excepcional de culto a la *gens*.

### 2.2. LOS *DIVI* FLAVIOS Y LOS TEMPLOS DOMICIANEOS: ¿CULTO A LA *GENS* O PERSONALISMO?

La tradicional interpretación del contexto de la política de divinización de miembros de la *gens* Flavia y de la construcción de templos dedicados a los mismos por parte de Domiciano presenta ahora una nueva problemática. Como ya hemos dicho, se ha considerado generalmente que Domiciano rompe, de forma clara, con las políticas de los Julio-Claudios respecto al culto imperial, siendo, por un lado, el emperador que más personajes diviniza y, por otro, el primero que, de forma consciente, opta por considerar a dicha *gens* divinizada como un bloque, evitando dedicar templos de forma individualizada a cada *diuus*. Esta visión choca frontalmente con la denominación de *sodales Flauiales Titiales*, ya que individualiza por un lado a Vespasiano y por otro a Tito, aunque sea dentro de una misma *sodalitas*.

Conocemos, a través de las fuentes, tres templos distintos dedicados a los miembros divinizados de la *gens* Flavia. Como ya hemos mencionado más arriba, el *Templum diui Vespasiani* ubicado al pie del Capitolio[62], en la esquina

[57] McDERMOTT (1970), p. 129-148.
[58] ECK (1972), p. 265.
[59] *AÉ* 1979, 399 = 1952, 168.
[60] SUET., *Dom.* 4, 4.
[61] GRADEL (2002), p. 181-182, 275.
[62] *Chronogr. a. 354*. XIV, Regio VIII. Img. 2.

noroeste del Foro[63], fue iniciado por Tito tras la muerte de Vespasiano el 23 de junio del 79[64]. Sin embargo, debido a que la primera mención de dicho templo se encuentra en una inscripción de los Arvales de enero de 87[65], en la cual se le denomina *[templu]mdiuiVespasiani*, se considera generalmente que no sería concluido hasta el gobierno de Domiciano.

La inscripción del entablamento conservada[66] es la siguiente:

*Diuo Vespasiano Augusto s(enatus) p(opulus)q(ue) R(omanus) / Imp(eratores) Caess(ares) Seuerus et Antoninus Pii Felic(es) Augg(usti) restituer(unt)*

Se conservan dos monedas del 80/81 que muestran los honores otorgados a *diuus Vespasianus* tras su *apotheosis*. En la primera de ellas se muestra una *tensa* tirada por caballos con la leyenda EX SC, la cual parece conmemorar el decreto por el cual se le concede por parte del Senado el carro sagrado durante la *pompa circensis*[67].

La segunda, en la que aparece un carro tirado por elefantes con la leyenda *Diuo Aug(gusto) Vesp(asiano) SPQR*, parece representar el momento de la colocación de la estatua de culto[68], haciendo referencia la leyenda a la inscripción que, ya en época de Tito, estaría concluida[69]. El hecho de que en el epígrafe de los hermanos Arvales solo mencione el templo como dedicado a *diuus Vespasianus*, quizá responde a la no modificación, por parte de Domiciano, de la inscripción realizada por su hermano y a la imposibilidad estructural de incluir la estatua de Tito en dicho espacio, al contrario de como se venía pensando tradicionalmente[70], tal y como ha señalado De Angeli[71]. La estatua de Vespasiano, por su parte, tendría proporciones monumentales, siendo identificada con la cabeza ciclópea conservada en el Museo de Nápoles, y estaría basada, directamente, en la de Júpiter Óptimo Máximo[72].

Sin embargo, sí se rinde culto al *diuus Titus* en la Roma domicianea. La intención de unir a Vespasiano y a Tito como fuente de legitimación dinástica se ve corroborada por la creación en el Campo de Marte de una *Porticus Diuorum*[73], conocida, principalmente, por fuentes tardías[74] y por dos

[63] BLANCKENHAGEN (1940), p. 213; DE ANGELI (1992); DE ANGELI (1999), p. 144-148.
[64] MASIER (2009), p. 70.
[65] *CIL* VI, 2065, 51-52.
[66] *CIL* VI, 938.
[67] RIC II *Titus*, 361.
[68] RIC II *Titus*, 257.
[69] SUESS (2011), p. 112. Img. 3.
[70] JONES (1984), p. 156.
[71] DE ANGELI (1992), p. 160 ss.
[72] COARELLI (2009), p. 77.
[73] JONES (1984), p. 156.
[74] *Chronogr. a.354.* XIV, Regio IX; EUTR., *Historiae Romanae breuiarium* 7, 23.

epígrafes[75] en los que se mencionan respectivamente un *aedes diui Titi* y un *aedes diui Vespasianus*, además del nombre oficial de esta *porticus*. La planta se conserva, igualmente, en los fragmentos 35a-i del plano de mármol Severo[76]. En los mismos aparece un área rectangular, con los *aedes* paralelos próstilos tetrástilos sobre un podio, a la cual se accedía mediante una puerta monumental de triple arco[77].Como ya hemos mencionado anteriormente, este pórtico se situaba teóricamente en el lugar en que pasaron la noche Vespasiano y Tito antes del triunfo judaico[78]. A esta estructura se han atribuido los denominados relieves de la Cancillería, que decorarían la entrada norte de dicho recinto y en los que se muestra el *aduentus* de Vespasiano, recibido por su hijo Domiciano y una procesión de Domiciano junto a Minerva, Marte y Virtus[79].

Debe destacar que en el centro del espacio abierto porticado, en su extremo sur, se halla, según el mármol Severo[80], una estructura tetrástila con una doble escalinata[81]. La estructura, pasada por alto por parte de la historiografía, se encuentra justo en el eje marcado por el arco central de la puerta monumental de acceso situada en el extremo norte del recinto. Este arco monumental, a su vez, se encuentra justamente frente al templo de Minerva Chalcidica, templo circular realizado por Domiciano[82] en honor a la deidad a la que consagra como su protectora personal, conocido a través de dos fragmentos del plano Severo[83], de la numismática, gracias a una moneda datada en el 94[84], o de las fuentes tardías[85]. Esta relación espacial entre ambos edificios domicianeos, más que probablemente buscada, junto con la iconografía de los relieves de la Cancillería, que ahora analizaremos, podrían indicarnos una hipótesis de trabajo para interpretar esta estructura tetrástila central cuya función concreta se desconoce: un altar o estatua dedicada a Domiciano.

El hecho de que la posición de la *Porticus Diuorum* coincida con el lugar de la pernocta de Vespasiano y Tito anterior al triunfo judaico y la iconografía de los relieves de la Cancillería, en los que se muestra a Domiciano recibiendo a su padre, parecen indicar una exaltación del papel de Domiciano como valedor de los derechos imperiales de su padre hasta su llegada a Roma procedente de

[75] *CIL* VI, 10234 y *AÉ* 1929, 54.

[76] Img. 4.

[77] RICHARDSON (1976), p. 159-162; COARELLI (1995a), p. 19-20; MASIER (2009), p. 70.

[78] COARELLI (1995a), p. 19-20.

[79] LUKE (2010), p. 90.

[80] Img. 5.

[81] COARELLI (1995a), p. 82-83.

[82] DE CAPRARIIS (1996), p. 255.

[83] FUR 35m (perdido el original) y 35-36.

[84] BMC II *Dom.* 241.

[85] *Chronogr. a. 354.* XIV, Regio IX.

Oriente[86]. Parece lógico pensar, por tanto, que el propio Domiciano se mostrase a sí mismo como parte fundamental del advenimiento de la dinastía flavia al poder, mostrándose, junto con su padre y su hermano, en una recurrente concepción tripartita de la predestinación, como tercer miembro de una dinastía elegida por la divinidad. El hecho de que sea representado junto a Minerva en el otro fragmento del relieve conservado[87] parece reforzar la identificación del edificio tetrástilo con una representación del propio Domiciano. Está hipótesis se ve reforzada, además, por el hecho de que Plinio hace referencia, en su panegírico a Trajano, a la existencia de estatuas de culto frente a las cuales se llevaba a cabo sacrificios públicos en honor del *genius* del último emperador Flavio[88].

La elección de un espacio compartido, aunque individualizado, para ubicar a ambos emperadores divinizados y al propio Domiciano no estaría derivada de la austeridad propia de un periodo de escasez económica, como se ha argumentado en el pasado, ya que se realizan varios templos caracterizados por su fastuosidad, sino de una intencionalidad clara por parte del emperador de mostrar una carga ideológica concreta[89].

Sin embargo, junto con el *Templum diui Vespasiani* del foro, dedicado a Vespasiano, esta *Porticus Diuorum* contradice, desde nuestro punto de vista, esa visión estrictamente centrada en la *gens* que se ha venido defendiendo tradicionalmente. Efectivamente, la denominación oficial, *Porticus Diuorum,* parece mostrar a los *diui* como un grupo unificado pero, si la intencionalidad era mostrar a ambos *diui* como parte de un conjunto, ¿qué sentido tendría el realizar dos *aedes* diferenciados? Quizá la tan argumentada intención domicianea de centrar el foco en la *gens* no excluía el tratamiento individualizado de los emperadores divinizados de su dinastía, como se ha venido pensando hasta el momento.

El mayor argumento a favor del tratamiento colectivo de la divinización,base de todas las teorías al respecto, sería el denominado *Templum Gentis Flauiae* situado en el Quirinal. En una imitación clara del gesto de Augusto al sacralizar el lugar de su propio nacimiento[90], Domiciano decide llevar a cabo la construcción de un templo dedicado a su *gens* en el lugar de su natalicio[91], ya fuese este la casa de su tío, Tito Flavio Sabino[92] o, más probablemente, la casa de su padre[93] en el Quirinal. Es mencionado en las

[86] LUKE (2010), p. 91.
[87] LUKE (2010), p. 90.
[88] PLIN., *Pan.* 52, 6-7.
[89] SUESS (2011), p. 128.
[90] SUET., *Aug.* 5.
[91] SUET., *Dom.* 1, 5, 15; JONES (1984), p. 156.
[92] TORELLI (1987), p. 564-569.
[93] LA ROCCA (2009), p. 225.

fuentes literarias del periodo, como pueden ser los epigramas de Marcial o las Silvas de Estacio[94] e, incluso, en obras de época muy posterior[95].

Dicho templo, dedicado a los cinco *diui* flavios, fue localizado aproximadamente en el actual bario de *Al Melograno*, según Coarelli[96], a través de dos epígrafes hallados en el mismo[97] y una cita de Tácito[98]. A día de hoy es identificado generalmente con la estructura monumental aparecida bajo la actual *piazza della Repubblica*[99], construida sobre un edificio de época Julio-Claudia identificable con la casa de Vespasiano en el Quirinal[100]. El hecho de que la estructura se encuentre bajo los restos de las termas de Diocleciano plantea, sin embargo, un problema. Si el edificio ya estaba destruido antes de que se escribieran las obras en el que sigue siendo recogido, ya en el siglo IV, ¿a qué *Templum Gentis Flauiae* harán referencia?.

Tal como menciona La Rocca, el templo podría haber sido destruido en época tan temprana como la dinastía Antonina, debido al interés de esta dinastía en eliminar la legitimidad domicianea, que se basaba en la elección divina de la dinastía Flavia. Este autor explica la referencia tardoimperial como una presencia residual del templo incluso posteriormente a su destrucción, siendo reubicado su culto dentro de una muestra del conservadurismo religioso romano[101]. Coarelli, por su parte, afirma que la parte central del complejo, la del templo propiamente hablando, habría sido respetada y conservada dentro de las nuevas termas[102].

Nosotros, aceptando la hipótesis de una destrucción temprana del templo que propone La Rocca, pero no considerando que se diese ningún mantenimiento del culto "redimensionado" tras la caída de la dinastía Flavia, proponemos la hipótesis de que los regionarios del siglo IV hiciesen referencia a otro edificio. El propio La Rocca recoge el sueño que se atribuye a Claudio II el Gótico, probablemente como parte de la campaña de Constantino de construir una genealogía ilustre a Constancio Cloro, en el que ve el *Templum Gentis Flauiae* como signo de la futura gloria de los nuevos Flavios[103].

Si a dicho sueño le unimos lo recogido en el rescripto de Hispellum[104], una contestación de Constantino a una serie de demandas de los habitantes de esta localidad de la Umbría, la idea de la referencia a un templo posterior cobra

[94] STAT., *Silu.* 4, 2, 60; 3, 18-19; 5, 1, 240; MART. 9, 1, 8; 3, 12; 20, 1, 34, 1-2; 34, 7-8.

[95] *Hist. Aug., Claud.* 3, 6; *Tyranni Triginta*. 33. 6; *Chronogr. a. 354*. XIV, Regio VI.

[96] COARELLI (1995b), p. 368-369; GRADEL (2002), p. 323; BOYLE (2003), p. 13.

[97] *CIL* VI, 29788 y *CIL* XV, 7451.

[98] TAC., *Hist.* 3, 69.

[99] LA ROCCA (2009), p. 224-225; Img. 6.

[100] LEVICK (1999), p. 198; COARELLI (2009), p. 94.

[101] LA ROCCA (2009), p. 230.

[102] COARELLI (2009), p. 94.

[103] *Hist. Aug., Claud.* 3, 6.

[104] *CIL* XI, 5265.

fuerza. En dicho documento el emperador da permiso para la construcción de un *Templum Gentis Flauiae* en Hispellum, en el cual se rendirá culto a los emperadores de la nueva dinastía Flavia con su propio cuerpo de sacerdotes, como ya trataremos más adelante[105]. La coincidencia exacta del nombre del templo con aquel construido por Domiciano es, más que probablemente, buscada. Quizá el nombre otorgado al templo de Hispellum sea tomado, directamente, de un templo elaborado en época de Constantino en honor a su propia dinastía, enlazando con la antigua *gens* de Vespasiano y reforzando la legitimidad de su gobierno. Por tanto, la destrucción del templo bajo Diocleciano no sería tal, habiendo sido este destruido con anterioridad y refiriéndose las fuentes posteriores a un hipotético templo constantiniano ubicado en el mismo lugar o en sus cercanías.

Sin embargo, en el *Templum Gentis Flauiae* domicianeo se rendiría culto a todos los miembros divinizados de la *gens Flauia*. Conocemos a través de la numismática un tipo monetal en el que se muestra a la *diuaIulia Titii* sobre un carro tirado por elefantes[106], en todo similar al que muestra el transporte de la estatua de Vespasiano a su nueva ubicación en su templo del foro tanto en leyenda como en iconografía. Dicha representación, tan parecida a la dedicada a la estatua del *diuus Vespasianus*, indica que su imagen de culto podría haber estado ubicada en el *Templum Gentis Flauiae*. Quedan descartados los *aedes* de la *Porticus Diuorum*, dedicados expresamente a Tito y Vespasiano y vinculados con el triunfo judaico, y el templo de Vespasiano en el foro, el cual estaría dedicado a él en exclusiva.

No disponemos de ninguna moneda conmemorativa domicianea que recoja directamente la imagen de la colocación de la estatua de *diuus Titus* en ninguno de los templos dedicados al culto imperial, pero sabemos que dicha colocación sería llevada a cabo. Además de que disponemos de una moneda de Domiciano, datada entre el 81 y el 82, es decir, inmediatamente después de la muerte de Tito, en la que muestra a éste rodeado por la leyenda T DIVO AVG DIVI VESP F VESPASIANO y con una representación de *Felicitas Publica* en su reverso[107], que podría estar destinada a la conmemoración de su deificación,su estatua debía estar presente en su *aedes* de la *Porticus Diuorum*. Más representativa aún sería la cabeza de una estatua monumental de Tito hallada en las cercanías de la *piazza della Repubblica* en el siglo XIX y, quizá, procedente del *Templum Gentis Flauiae*[108].

Una diferencia fundamental con el resto de templos dedicados a *diui* hasta la fecha es su utilización como mausoleo familiar de la dinastía, siendo en él

105 Gascou (1967), p. 615-616; Fernández Ubiña (2012), p. 107.
106 RIC II$^2$ *Dom.* 718.
107 RIC II *Dom.* 129.
108 La Rocca (2009), p. 224-225.

depositadas las cenizas de la *diua Iulia*[109], y los restos del propio Domiciano tras su muerte, y comparándolo Marcial[110] con el *bustum* del monte Ida, una pira funeraria y con el mausoleo de Augusto. El poeta presenta a Júpiter afirmando que su tumba en el Ida es falsa, al contrario que el *Templum Gentis Flauiae*, lo que implica que en este templo se encontraban los restos de los *diui*.

De este modo, tal como afirma Dabrowa[111], se integraría en un solo edificio las funciones que en época Julio-Claudia se habían otorgado al mausoleo y al *Ara Gentis Iuliae*, convirtiéndose en una muestra de originalidad dentro de la tradición romana, que era reticente a ubicar en un mismo espacio el enterramiento y los lugares de culto[112]. Pero sería original solo en cuanto a unificación espacial de ambas funciones, ya que, en realidad, no tenemos pruebas sólidas de que se modifiquen éstas sustancialmente respecto a la anterior casa imperial, que llevaba a cabo el culto a la dinastía como conjunto en el *Ara Gentis Iuliae* sin que nadie haya aventurado un culto colectivo a sus *diui*[113].

Tal es la tradicional insistencia de la investigación en que el *Templum Gentis Flauiae* estaba dedicado a los *diui* como conjunto y no como mera acumulación de distintos *diui* dentro de una misma estructura quealgunos autores consideran incluso que dicho templo podría haber estado dedicado a la *gens Flauia* divinizada en forma de personificación femenina[114], afirmación de la que no tenemos prueba alguna. No sería extraño, sin embargo, que el templo recogiese en un solo lugar de culto a todos los *diui*, ya que, por ejemplo, en época Julio-Claudia las *diuae* disponían de sus estatuas de culto dentro de los templos de los *diui* masculinos[115], con lo que nos encontraríamos quizá, más que con una ruptura del personalismo, con el mantenimiento de una costumbre cultual de la antigua dinastía.

A pesar de toda esta información, ha sido imposible, por el momento, el identificar dicho edificio con seguridad en la amonedación del periodo, lo cual impide hacerse una idea clara del aspecto del mismo. Scott[116] ve el templo en un áureo del 95/96 (BMC II *Dom.* 229), el propio Mattingly lo identifica con un templo octástilo representado en una moneda del 92/93 (BMC II, lxxxvii, p.

[109] ARCE (1988), p. 78-80.
[110] MART. 9, 34.
[111] DABROWA (1996), p. 153-161.
[112] RICHARD (1966), p. 134-135; HAECKL (1996a), p. 11.
[113] LA ROCCA (1995), p. 369-370.
[114] ARCE (1988), p. 78-79; GRADEL (2002), p. 323.
[115] El caso paradigmático es el de Livia en *el templum nouum*dedicado a *diuus Augustus* por parte de Claudio en el 42. GRADEL (2002), p. 180, 185. También aparece reflejado en CASS. DIO 60, 5,2 y el templo con ambas estatuas en BMC I *Claud.*195 no. 224 y *Galba*, 317, no. 54
[116] SCOTT (1936), p. 67.

338 n.119), Torelli[117] con un sestercio del 95/96[118] y Hill[119] con una moneda (BMC II, 229) cuya autenticidad es discutida por Carradice[120].

Teniendo en cuentaque las teorías tendentes a un templo redondo han sido rebatidas[121], la propuesta de identificación de Torelli resulta interesante[122]. El sestercio domicianeo al que hace referencia, acuñado hacia la fecha de construcción del *Templum Gentis Flauiae,* muestra un templo decástilo enmarcado en un espacio porticado colocado sobre algún tipo de podio o criptopórtico destinado a salvar un desnivel del terreno[123]. Esta moneda, dada por falsa durante muchos años, ha visto confirmada su autenticidad por el descubrimiento en una excavación arqueológica en Bonn[124] de otro ejemplar. Darwall-Smith considera que la hipótesis de Torelli es falsa, ya que afirma que las representaciones de edificios de culto en la dinastía Flavia siempre muestran exclusivamente la fachada y que, por tanto, no podía tratarse del *Templum Gentis Flauiae*[125]. Ranucci desmiente tal afirmación ya que, en tipos tan conocidos como los de los *Ludi Saeculares*, aparecen los templos en perspectivas diferentes a la estrictamente frontal[126].

La similitud del edificio representado en la moneda con la enorme estructura rectangular hallada en los aledaños de la *piazza della Repubblica*, ya mencionada e identificada como el edificio de culto imperial domicianeo a través del hallazgo en la zona[127] de los relieves Hartwig[128] y Kesley[129], solo reconocidos como pertenecientes a la misma estructura en fechas recientes[130], y de una cabeza colosal de Tito[131], muestra que si sería posible reconocer en dicha representación numismática el *Templum Gentis Flauiae* y que, por tanto, la hipótesis de Torelli sigue siendo igual de válida.

Es interesante observar que la representación del templo muestra, justo frente a la columnata del templo decástilo, tres estatuas sobre tres pedestales idénticos. La similitud con nuestra hipótesis de identificación en la *Porticus Diuorum*, de la existencia de una estatua del emperador junto a la pareja de templos dedicados a *diuus Vespasianus y diuus Titus,* y con la aparición de

[117] TORELLI (1987), p. 564-567.
[118] BMC II *Dom.* 406*.
[119] HILL (1989), p. 16.
[120] CARRADICE (1982), p. 379-380.
[121] LA ROCCA (2009), p. 230.
[122] HAECKL (1996a), p. 19-20.
[123] Img. 7.
[124] HABEREY (1960), p. 292-293; RANUCCI (2009), p. 362-363.
[125] DARWALL-SMITH (1996), p. 191.
[126] RANUCCI (2009), p. 363-364.
[127] GAZDA (1996a), p. 8.
[128] COARELLI (1995b), p. 368.
[129] GAZDA (1996b), p. 59.
[130] GAZDA (1996a), p. 7-8.
[131] LA ROCCA (2009), p. 224.

grupos de tres pedestales en época flavia en templos provinciales y locales dedicados al culto imperial[132], como ya veremos más adelante, podría indicar una intencionalidad, por parte de Domiciano, de concentrar el culto imperial en la figura de los dos *diui* y de su propia persona, y no en el conjunto de la *gens*.

En cuanto a los relieves Hartwig-Kesley, cuya datación es claramente flavia, y casi seguramente domicianea, como indica la decoración característica de la arquitectura desarrollada bajo el gobierno de este emperador, con dentículos de centros vaciados y palmeras estilizadas con figuras apoyadas en ellas, provendrían originalmente de este templo[133]. Entre los relieves ha aparecido una cabeza de *diuus Vespasianus*, cuya identificación como *diuus* deriva del hecho de que aparece tocado con la *corona ciuica* propia de los emperadores divinizados, realizada con hojas de roble, árbol consagrado a Júpiter en la tradición romana[134]. El resto de relieves, entre los que se han hallado un soldado, un *flamen*[135], el cual analizaremos más adelante, y un joven, se han interpretado como restos de dos relieves que representarían, respectivamente, el *aduentus* de Vespasiano y el sacrificio de un toro[136].

Las similitudes con los relieves de la Cancillería, procedentes de la *Porticus Diuorum,* donde también aparece una escena de *aduentus*, parece indicar la insistencia de Domiciano en su papel como adalid de la causa flaviana en Roma durante la ausencia de su padre. Nos encontramos, por tanto, ante la representación de un marco ideológico y propagandístico coherente y unitario, reflejado iconográficamente de forma similar en ambos templos domicianeos.

A escala provincial se ha interpretado tradicionalmente un proceso similar de tratamiento de los *diui*. Mientras que los templos de culto imperial provincial de época Julio-Claudia estaban dedicados individualmente al *diuus Augustus* o al *diuus Claudius*, los templos de época flavia, aparentemente, estaban dedicados de forma grupal. El ejemplo más representativo, sin duda, es el del tempo provincial de Éfeso, construido por Domiciano. La excavación del mismo ha llevado a la aparición, entre otras cosas, de 13 inscripciones y de una cabeza colosal generalmente identificada como Tito[137] o Domiciano[138]. Es interesante, por su parte, el contenido de las inscripciones. En ellas se recoge la

[132] Peña Jurado (2009), p. 603-604.
[133] Koeppel (1980), p. 14-29.
[134] Riesco (1993), p. 246-257; Gradel (2002), p. 49; Escámez (2013), p. 968-969.
[135] Img. 8.
[136] Koeppel (1980), p. 14-29; Haeckl (1996b), p. 28-29.
[137] Daltrop / Hausmann / Wegner (1966), p. 26, 38, 86, 100; Friesen (1993), p. 62.
[138] Keil (1932), p. 59-60; Knibbe (1980), p. 775; Meriç (1985), p. 240; Varner (2004), p. 128.

dedicación a los *Sebastoi*[139], es decir, a los miembros de la casa imperial ya estén vivos o muertos[140]. No se mostraría, de todos modos, que el tratamiento grupal de la casa imperial impidiese una especial preferencia a los *diui* que habían alcanzado en vida la dignidad imperial o, en otras palabras, que si bien la dedicación del templo era colectiva el tratamiento de los *diui* también lo fuese.

Además, ya que los primeros templos provinciales dedicados a los *Sebastoi* se dan bajo Vespasiano, es posible que el tratamiento grupal de los miembros divinizados de la familia imperial existiese de forma precedente al advenimiento al poder de Domiciano. Podríamos encontrarnos, por tanto, frente a una permanencia ideológica de época de Vespasiano más que frente a una innovación domicianea. Así, el reforzar la elección divina de una *gens* determinada frente a los lazos de sangre con el *diuus Iulius* o el *diuus Augustus* sería lógico a comienzos del reinado de un usurpador sin ningún *diuus* al que retrotraer su legitimidad. En la propia Roma se llevaría a cabo un proceso similar en el caso de los hermanos Arvales, cuyos ritos en época de Vespasiano, como ya hemos mencionado anteriormente, ven desaparecer el culto al *genius* del emperador y a los *diui* Julio-Claudios, eliminando las fuentes terrenales y dinásticas de la dinastía precedente[141]. Surge así una idea de "refundación" del poder imperial, al restaurarse los valores originales establecidos por el *diuus Augustus* y eliminando, a su vez, la *adulatio* característica de los últimos años de la dinastía Julio-Claudia[142].

Sin embargo, esa falta de personalismo divino procedente de los inicios de la dinastía Flavia no implica una continuidad expresa de dicha práctica. Un claro ejemplo de culto provincial centrado en las figuras de dos de los *diui* y del emperador, en vez de en la casa imperial en su conjunto, sería el ofrecido, involuntariamente, por Gabelmann[143]. El investigador recoge la existencia de tres altares datados en época flavia y hallados frente al altar central del Capitolio de Brescia.

Estos serían interpretados por Sánchez como una prueba del culto imperial a *diuus Vespasianus* y *diuus Titus*, junto al propio Domiciano, que estarían representados por los altares, directamente situados frente a la estatua de Júpiter. Una interpretación similar ha dado a los denominados altares de Santa Eulalia en Mérida[144]. Estos altares, estilísticamente similares a los de Brescia y datados, por ello, en época flavia, se hallarían, según la autora, situados

[139] Literalmente ναῶι τῶι ἐν Ἐφέσωι τῶν Σεβαστῶν κοινῶ[ι] τῆς Ἀσίας (IvE 232, 232a, 233, 234, 235, 237, 238, 239, 240, 241, 242, 1498, 20248).

[140] PRICE (1984a), p. 79-85; FRIESEN (1993), p. 59-75; BURRELL (2004), p. 64; LOZANO (2007), p. 139-152.

[141] SUESS (2011), p. 130- 139.

[142] FISHWICK (1965), p. 155.

[143] GABELMANN (1969), p. 221,223, fig. 2.

[144] SÁNCHEZ (2000), p. 348-350.

enfrente del altar del llamado templo de Diana y representarían, igualmente, a los *diui* Flavios. La atribución de dicho templo a Diana ha sido discutida en los últimos años, siendo bastante probable, debido a su iconografía y al contexto de su construcción, que estuviese dedicado al culto imperial ya desde época de Augusto[145]. La similitud con los pedestales y las estatuas representados en la moneda identificada con el *Templum Gentis Flauiae* mencionada más arriba[146] es más que sugerente, ya que podría implicar la implantación de un modelo propagandístico estatal en el ámbito provincial por orden directa del emperador.

Igualmente relevante es el *sacellum* de los Augustales de Miseno, dedicado a los flavios y construido en época de Domiciano[147], en el cual se han hallado representaciones de *diuus Vespasianus* y *diuus Titus* además de una estatua ecuestre de Domiciano que, teóricamente, se hallaría junto a las mismas dentro del *sacellum* y que parece reflejar el mismo esquema ideológico de exaltación de ambos *diui* y del emperador que encontramos en la *Porticus Diuorum*. Lo mismo ocurre con el templo del *piazzale delle Corporazioni* de Ostia, construido por Domiciano e identificado recientemente con un espacio de culto imperial[148], visión que se refuerza por su evidente conexión con el teatro[149], por la aparición de un brazo monumental de una estatua de culto identificada con Domiciano[150] y por el hecho de que, habiendo sido observado en el propio yacimiento por el autor, presenta tres espacios probablemente destinados a las estatuas de los tres emperadores Flavios.

Del mismo modo, el templo de culto imperial de Cestrus, en el que se muestra a Vespasiano en el centro con Tito a su derecha y a su izquierda, probablemente ocupando el espacio ocupado por Domiciano antes de su *damnatio memoriae*, Nerva[151], o el hallado en Lamus, en el que se encontraban los tres emperadores flavios[152], indican una distribución similar[153]. ¿Nos encontramos, por tanto, ante un esquema implantado en Roma e imitado en las provincias o ante una imposición imperial de un modelo iconográfico concreto?

A la imposición imperial de la colocación de estas estatuas podría apuntar la *lex Narbonensis*, datada por las últimas investigaciones en el gobierno e

145 Fishwick (2004), p. 41-48; Peña Jurado (2009), p. 603-604.
146 BMC II 406*.
147 McKay (1998), p. 228.
148 Van Der Meer (2009), p. 163-170.
149 Fishwick (1991), p. 522-523.
150 Van Der Meer (2009), p. 165.
151 Giobbe (2013), p. 139, n. 6.
152 Giobbe (2013), p. 129.
153 Bean / Mitford (1970), p. 158, fig. 7; Price (1984b), p. 161, 179, cat. 146 p. 273; Fishwick (2004), p. 243; Rosso (2007), p. 137.

Domiciano[154]. En ella se recoge expresamente, en la línea 26-27, la existencia de fondos destinados a la colocación de *statu]as imaginesue imperatoris Caes[aris*, dentro de las cuales no se incluiría solo a los *diui*, sino también al emperador[155], que se presentaría en el mismo nivel que sus predecesores divinizados[156]. Sería lógico pensar que, dentro de la reforma del culto imperial por parte de Domiciano, la colocación de estas estatuas respondiese a la necesidad de adecuar el esquema ideológico del culto provincial al modelo ya impuesto en Roma.

La dedicación de los templos de forma grupal, tendencia, como ya hemos dicho, coherente con las necesidades de legitimación de Vespasiano, no excluiría que, efectivamente, el programa propagandístico e ideológico de Domiciano, y quizá ya de Tito, pasase ineludiblemente por recuperar, en cierto modo,la tradición Julio-Claudia de culto imperial de tipo personalista. Si a eso le añadimos que, por regla general, las fuentes literarias del periodo muestran a los *diui* de forma colectiva pero recogen siempre a Vespasiano y Tito entre el resto de *diui* variables, como puede ser el caso de Estacio en sus *Siluae*[157] o Silio Itálico en su *Punica*[158], nos encontramos ante un marco claro de divinización grupal pero a su vez individualizada en el caso de *diuus Vespasianus* y *diuus Titus*.

No deberían extrañarnos tampoco algunos epígrafes que muestran una denominación grupal de la familia imperial, como una inscripción procedente de Puteoli de época domicianea que menciona a la *gens Flauia* como *domus diuina*[159], que han sido utilizados en ocasiones para defender un tratamiento colectivo e indiferenciado de la *gens*[160], ya que este tipo de mensajes aparecen desde época de Tiberio[161]. De este modo, la consideración divina de todos los miembros de la *gens*, como elegidos de Júpiter, no entraría necesariamente en contradicción con un tratamiento ideológico especial de las figuras de *diuus Vespasianus* y *diuus Titus*.

Por lo tanto, es evidente que los *sodales Flauiales Titiales* estaban encargados de mantener el culto a los *diui* flavios como un conjunto, pero también como diferentes personalidades individuales, como había sido normal en época Julio-Claudia. Así, mientras que la anterior dinastía hacía hincapié en sus precedentes dinásticos, retrotrayéndose al fundador del imperio,

[154] Marco Simón (2004), p. 418.

[155] Fishwick (2009), p. 344.

[156] Haeckl (1996b), p. 31.

[157] Stat., *Silu.* 1, 1, 94-98.

[158] Sil. 622-629.

[159] *]o Fuluo I[3] / [3 Augusta]les(?) qui pr[o salute] / [I]mp(eratoris) Domitian[i diui f(ilii)] / [Caes(aris) Augusti] Germ(anici) et [Domitiae Aug(ustae)] / [Domitiani A]ug(usti) et Iulia[e Augustae] / [totiusque domus] diuinae [3] / [3]I et[* (*CIL* X, 1632).

[160] McFayden (1915), p. 135-136.

[161] Fishwick (1991), p. 423.

Vespasiano se vería obligado a crear una nueva legitimidad basada en la elección divina de su *gens*. El cambio ideológico es más profundo de lo que podría resultar evidente, el foco se mueve del líder carismático a la elección divina del gobernante, del poder terrenal al poder celeste. Una vez muerto y divinizado Vespasiano, tal necesidad de un tratamiento colectivo desaparece, al disponer la dinastía de un *diuus* carismático al que retrotraer su legitimidad más allá de la elección divina de la *gens*.

Es interesante el hecho señalado por McFayden de que Domiciano divinizase a su hijo tras su temprana muerte, quizá con la intención de reforzar más esa idea de elección divina frente al carisma terrenal[162]. El niño, demasiado pequeño para haber conseguido el poder a través del mérito propio, se hace merecedor de la divinización simplemente por ser parte de la *gens* fundada por Vespasiano y elegida por Júpiter[163]. Según este autor, se explica así la innovación domicianea de la divinización de todos los miembros de la *gens Flauia* tras su fallecimiento[164], a lo cuales se les otorgaba idénticos honores fuesen cuales fuesen sus actos en vida.

Si bien no estamos de acuerdo en cuanto al idéntico tratamiento de los miembros de la *gens*, que es completamente falso tanto en la *Porticus Diuorum* como en el *Templum diui Vespasiani* del foro y dado que no hay constancia ninguna de culto a dicho niño o a *diua Domitilla*[165], si coincidimos en que los derechos divinos otorgados desde la más tierna infancia responden a la necesidad imperiosa de reforzar la idea de que dicha dinastía basa su legitimidad en una predestinación divina de sus miembros.

Dentro de este esquema ideológico antipersonalista defendido por McFayden sería coherente pensar que los *sodales Flauiales Titiales* no recibirían su segundo apelativo hasta después de la muerte de Domiciano, predominando el genérico *Flauiales*. Este término que hace referencia a la *gens* en su conjunto sería elegido por los Flavios, y en concreto por Domiciano que, según dicho autor, no otorgó mayor honor o importancia a ninguno de los *diui*, rindiendo honores a todos por igual[166]. Muerto Tito, no sería conveniente para la consolidación de dicho esquema el otorgarle a éste honores por encima del resto de los *diui* Flavios, ya que implicaría su mayor importancia y, por tanto, apartar el foco de la predestinación dinástica a favor del personalismo. Esto explicaría el hecho, achacado por Suetonio a la enemistad entre ambos hermanos[167], de que, a la muerte de Tito, Domicianorealizó su *apotheosis* sin rendirle mayores honores.

[162] McFAYDEN (1915), p. 136.
[163] ESCÁMEZ (2012b), p. 455-456.
[164] SUESS (2011), p. 104-110.
[165] GRADEL (2002), p. 343-345.
[166] McFAYDEN (1915), p. 137.
[167] SUET., *Dom.* 2, 3.

El *Titiales* no sería añadido, según esta teoría, hasta época de Nerva, cuando la exaltación de la figura de Tito y Vespasiano y la *damnatio memoriae* de Domiciano tras su asesinato en el 96 hicieron inconveniente el mantener un término tan ambiguo que permitiera incluir al último de los emperadores flavios. Sería mucho más lógico pensar en el apelativo *Titialis*, dentro de este línea de razonamiento, como un intento de fijar el foco ideológico de la *sodalitas* hacia Tito, al que se habría convertido interesadamente en el modelo a seguir para todo buen emperador frente a su hermano Domiciano, que como una imposición datable en época domicianea, y, por tanto, implicaría situarlo dentro de un contexto ideológico contrario supuestamente al personalismo[168].

Sin embargo, gracias a la datación generalmente aceptada para el epígrafe de Veiento en la campaña del 83 contra los Chatti y al epígrafe narbonense de M. Pompeyo Silvano Staberio Flavino, sabemos fehacientemente que el apelativo Titiales sí existía en época domicianea, negando, junto con la dedicación de un *aedes* concreto a Tito en la *Porticus Diuorum*, su inclusión en el *Templum Gentis Flauiae* y su presencia en el culto provincial, las teorías de McFayden y la afirmación de Suetonio sobre la negligencia de Domiciano hacia la divinización de su hermano, al cual dedicó todos los honores vinculados al culto imperial[169].

A ello hay que añadir que uno de los principales elementos de la “leyenda negra” desarrollada contra Domiciano por parte de los escritores clásicos posteriores, como el propio McFayden afirma[170], era su supuesta enemistad con Tito[171], que por su parte será presentado por las mismas fuentes como el emperador modélico. De esta manera, un emperador que a su llegada al trono fue visto con profunda desconfianza y calificado como “nuevo Nerón”[172], como es el caso de Tito, se convierte por obra y gracia de la propaganda y la tergiversación interesada del pasado en “amor y delicias del género humano”[173].

Las grandes desgracias acaecidas bajo su gobierno se presentan como una oportunidad de mostrar la generosidad del emperador y su preocupación por sus súbditos, mientras que, en otro contexto, serían identificados como una muestra de descontento de los dioses hacia el gobernante. Así, tras recoger Suetonio que durante su gobierno se da una epidemia que asola Roma, la destrucción de las ciudades campanas motivada por la erupción del Vesubio o un incendio que, además de destruir gran parte de la ciudad, destruye nuevamente el templo de Júpiter Óptimo Máximo, afirma que son catástrofes

[168] McFayden (1915), p. 139-140.
[169] Jones (1984), p. 155-156.
[170] McFayden (1915), p. 139-140.
[171] Jones (1984), p. 117-119.
[172] Suet., *Tit.* 7, 1.
[173] Suet., *Tit.* 1, 1.

"trágicas y fortuitas"[174], cuando escasamente una década antes, a inicios del gobierno de Vespasiano, significaban el peor acontecimiento ocurrido jamás en la *urbs*[175].

Frente a tal emperador modélico se presenta a Domiciano, un personaje carente de carisma totalmente contrario al dechado de bondades en que se convierte su hermano. Un personaje que, debido a esa falta de simpatía y méritos propios, debería ensombrecer los logros de su padre y de su hermano, dentro de un proceso de homogeneización de los diui de la *gens*,para poder legitimarse. Es curioso pensar que la presión del ejército, que era partidario del supuestamente poco carismático Domiciano, fue tal que precipitó a Nerva a nombrar a Trajano como sucesor[176]. McFayden, al considerar la necesidad domicianea de un tratamiento no individualizado de los *diui* flavios cae en la propia "leyenda negra" que él mismo denuncia.

Por tanto, la visión tradicionalmente antipersonalista llevada a cabo por Domiciano debería ser revisada. No solo sabemos con bastante seguridad que el nombre de Tito fue incluido en la denominación oficial de la *sodalitas*, como ya hemos demostrado a través de la epigrafía, sino que la dedicación de un *aedes* de la *Porticus Diuorum* a su persona junto al de *diuus Vespasianus* señalan a ambos, y a su victoria en Judea, como ejes fundamentales de la legitimación Domicianea.

Domiciano crearía así, como ha señalado Plácido[177], una suerte de tríada terrenal frente a la tríada Capitolina en la que él, hijo pequeño de Vespasiano, ocuparía el tercer lugar, como había venido haciendo de forma tradicional la diosa que elige como protectora, Minerva. Podríamos deducir, de igual modo, que al igual que la tríada celeste se imponía sobre el resto de divinidades celestes, la tríada terrenal se impondría, dentro de un modelo ideológico asentado, sobre el resto de *diui*.

### 2.3. *Sodales Flaviales Titiales*: elección y composición.

Aunque es difícil crear un marco firme para analizar la composición del colegio de los *Flauiales Titiales*, podemos rastrear, a través de paralelos con colegios similares, cuáles podrían haber sido sus mecanismos de cooptación y funcionamiento. Como es evidente, el mejor ejemplo del que disponemos son los *sodales Augustales Claudiales*, a los cuales habría tomado Tito como modelo a la hora de crear la *sodalitas* flavia.

[174] Suet., *Tit.* 8, 3.
[175] Tac., *Hist.* 3, 72.
[176] McFayden (1915), p. 139.
[177] Plácido (2002), p. 15.

Uno de los factores a tener en cuenta a la hora de analizar la elección sacerdotal en época imperial es el cambio operado en dicha esfera tras la atribución, ya con Augusto, de los poderes del *PontifexMaximus* al emperador. La monopolización del nombramiento de cargos sacerdotales por parte del *princeps*, de suma importancia dentro del esquema cultual romano, será una constante que marque la deriva de la Roma imperial. Este sacerdote era el tradicionalmente encargado de nombrar a los futuros sacerdotes en casos tan importantes como el de *flamen Dialis*, el *rex sacrorum* y las Vestales. Si bien en época republicana el proceso de selección consistía, según la *lex Papia*, en la propuesta de candidatos por parte del *Pontifex Maximus* seguida de una *sortitio*[178], la costumbre había caído en desuso en época imperial, como indica Gelio[179]. Dentro de las atribuciones del *Pontifex* había estado el nombrar, además de al *Dialis*¸ el *rex sacrorum* y las Vestales, a los Salios, pontífices menores, *sacerdoti sacrorum populi Romani Quiritum*, e infinidad de sacerdotes de Lanuvio, Caenina y Alba. Esta elección se llevaría a cabo a partir de una lista redactada por el colegio pontifical, como se venía haciendo desde época republicana.

Otro de los cambios más interesantes para comprender la organización y composición de la *sodalitas* protagonista de nuestro estudio, aparte del acaparamiento del emperador del cargo de *Pontifex Maximus*, es su inclusión como miembro de *omnia collegia.*

Sabemos que la ley Domitia del 104/103 a.C. había fijado el proceso de nominación de los pontífices y de los augures, que permanecerá invariable, según Masier, a través de la época imperial[180]. Según la misma autora, no se dispone de ninguna noticia respecto a la elección de los demás colegios sacerdotales, pero parece lógico pensar que todos los *summa collegia*, es decir, también los *XVuires Sacris Faciundis* y los *VIIuires Epulonum*, funcionarían de forma similar.

Todo colegio organizaba una *contio* durante la cual tenía lugar la *nominatio* de los candidatos al puesto. Cada sacerdote podía nominar a un candidato, a condición de que los candidatos se beneficiasen de dos nombres por vuelta. Cuando faltaba un sacerdote, una asamblea con un cónsul y formada por 17 de las 35 tribus elegía entre los candidatos aquellos a los que quería *creare* o *facere sacerdote*. Esta asamblea se reunía inmediatamente después de los comicios consulares y los pretorios. Una vez elegidos de esta manera, los candidatos electos eran inaugurados inmediatamente. También señala que la elección no era anual, sino que dependía de la liberación de puestos sacerdotales por baja de su depositario y que durante la República, los

178 MOMMSEN (1889), p. 423; WISSOWA (1902), p. 510; RÜPKE (2008), p. 1640-1164.
179 GELL. 1, 12, 11-12.
180 MASIER (2009), p. 87.

sacerdotes proponían como candidatos a aquellos que querían que formasen parte de su propio colegio[181].

Tenemos muy poca información sobre elecciones en época imperial. La mayor fuente son los testimonios referentes a la cooptación de Plinio el Joven en el colegio de los augures. Así Plinio recuerda que los sacerdotes eran elegidos porque eran considerados dignos del sacerdocio[182], a pesar de que agradece a Trajano el acceso al colegio augural y al de los Epulones[183].Los nominadores de Plinio fueron Lucio Virginio Rufo y Julio Frontino. No sabemos a qué colegio pertenecía Virginio Rufo pero sí sabemos que muere en el 97, por lo que Plinio no podría suceder en el puesto a su nominador. Si que podría, sin embargo, suceder al augur Julio Frontino, pero no se puede asegurar con certeza. Dicha duda se refuerza por el hecho de que Plinio menciona que fue nominado *inter sacerdotes*, no indicando *inter augures*[184], y, por tanto, evita mencionar intencionalmente a qué colegio pertenece.

La explicación para tal mención genérica de su nominación ha sido motivo de cierta controversia. Según Scheid significaría que todos los candidatos para sacerdocios eran nominados anualmente de forma colectiva por todos los colegios sacerdotales, rompiendo con la costumbre republicana de elección por parte de los miembros del colegio en el que el candidato iba a ser cooptado. Según el mismo autor, dicha opinión de ruptura con la tradición se vería reforzada por el epitafio de Quinto Veranio, cónsul del 49 por propuesta de Claudio[185]. En él se recoge que fue *creatus* augur después de ser propuesto como candidato a dos sacerdocios, de los cuales el nombre ha desaparecido por el estado fragmentario del epígrafe. Para el autor no hay ningún dato que indique que estaba destinado al augurado desde el mismo momento de su *nominatio*, con lo que su hipótesis de una *nominatio* grupal y genérica por parte de todos los sacerdotes se vería reforzada[186].

Rüpke, por su parte, da una interpretación más sencilla y, probablemente, más acertada: el motivo por el cual Plinio no menciona un colegio concreto y utiliza el genérico *sacerdotes* es porque se avergonzaba del poco prestigio del mismo. Así, no cabría suponer un cambio en el modelo tradicional de elección, los sacerdotes seguían proponiendo a los candidatos para el puesto libre dentro de su propio colegio. Igualmente señala la posibilidad de que un sacerdote, si su poder e influencia tenía suficiente peso, indicase antes de su muerte quién debía sustituirle, siendo nominado tras su fallecimiento[187].

[181] MASIER (2009), p. 87-88.
[182] PLIN., *Ep*. 2, 1, 8.
[183] PLIN., *Ep*. 10, 13.
[184] PLIN., *Ep*. 4, 8, 3.
[185] *AÉ* 1953, 251
[186] SCHEID (1990), p. 206-207.
[187] RÜPKE (2003), p. 150.

También sabemos que en época imperial las elecciones de sacerdotes eran anuales, no dependientes de la repentina vacante de un puesto, y se realizaban en la fecha fijada por el resto de comicios estatales. La fecha elegida, por pura eficiencia organizativa, era la misma de los comicios para elegir cónsules y pretores, es decir, en julio después de Sila y en la primera mitad de marzo en época Julio-Claudia, cuando el carácter semestral del consulado implicaba la entrada en funciones de los nuevos cónsules el 1 de julio[188].

Por lo que conocemos del sistema de elección de sacerdotes en época imperial no podemos confirmar la continuidad de la *contio*. Scheid lo explica a través de la afirmación de que, en el 14 d.C., la fase preliminar más importante de la elección comicial tendríalugar frente al senado, donde se realizaría, de forma oficial, las *nominationes*. Así, este autor, defiende que frente al Senado se colocaban los *nominatores* de los candidatos declarados dignos bajo juramento, que escuchaban la lista de candidatos leída por el portavoz del Senado[189]. Sin embargo, el emperador tendría derecho a votar el primero, además de disfrutar del derecho a *nominare* al ser miembro de *omnia collegia*. A pesar de ello no podría influir, teóricamente[190], en el momento de la elección oficial de los candidatos por parte del *comitia tributa* de las 17 tribus[191]. Solo después de esta elección se procedía a la cooptación e inauguración de los nuevos sacerdotes.

Es difícil saber si este sistema de elección era válido, igualmente, para las *sodalitates* encargadas del culto imperial, ya que las actas recogen solo los nombramientos, no el proceso de elección[192]. Mommsen cree que, efectivamente, el sistema de los *summa collegia* era utilizado para las nuevas *sodalitates* debido al prestigio de éstas[193]. Pero Beurlier y Marquardt[194] afirman que sería una selección senatorial en los casos en que no hubiese elección imperial directa, mientras que Scheid[195] defiende que sería por elección de los propios miembros y sin ningún tipo de participación popular, de forma muy similar al de los Arvales.

Según Hoffman-Lewis[196], había una *communis opinio* por la cual Augusto permitía a los sacerdotes nombrar a los candidatos como venía haciéndose en época republicana. Tal afirmación era, en realidad, más propagandística que real. El propio emperador, como ya hemos dicho, tenía derecho de

[188] MASIER (2009), p. 91-92.
[189] SCHEID (1990), p. 208.
[190] SCHEID (1990), p. 208-211; RÜPKE (2003), p. 150.
[191] MOMMSEN (1889), p. 29-31.
[192] MASIER (2009), p. 101.
[193] MOMMSEN (1889), p. 419-420.
[194] BEURLIER (1890), p. 83-84; MARQUARDT (1890), p. 221.
[195] SCHEID (1990), p. 198-199.
[196] HOFFMAN-LEWIS (1955), p. 16.

*nominatio*en todos los *collegia*, con lo que la libertad de elección por parte del resto de miembros se veía profundamente cohibida y condicionada.

Del mismo modo, el emperador tendría el derecho a la *commendatio* tal y como indican las fuentes[197]. Esta afirmación se ve corroborada por una inscripción de época de Septimio Severo en la cual se concede a Porcio Optato Flamma precisamente el *sacerdotio Flauiale Titiale*[198] por *iudicio* del emperador. También aparece en las actas de los *sodales Antoniniani*[199] y en las actas del templo de Júpiter Propugnator atribuidas a los *sodales Flauiales Titiales*[200], por otro lado únicos ejemplos de *commendatio* reflejados en unas actas sacerdotales[201].

Se ha afirmado en algunos casos que la *commendatio* de los cargos de los *summa collegia* habría llegado a superar, con creces, a la elección senatorial tradicional[202], usando como argumento las fuentes clásicas que, efectivamente, tratan al emperador en su calidad de *Pontifex Maximus* como principal figura religiosa y recogen múltiples ejemplos de *commendatio*[203]. De este modo, según Mommsen, la *commendatio* había sustituido *de facto* a la elección senatorial que, a su vez, había sustituido durante el Principado al *comitium* republicano y, además, se extiende a las *sodalitates* dedicadas al culto imperial dicho sistema de elección[204].

Sin embargo, otros autores, como Scheid[205] consideran que el emperador podía manipular la elección, como atestigua, por ejemplo, el caso de Veranio[206], pero que no lo hacía de forma sistemática. Utilizaría métodos más sutiles, como el derecho de *nominatio*, la *prima sententia* o la recomendación a un candidato de forma abierta.

En caso de creación de un nuevo colegio, y de la consecuente disponibilidad de muchos puestos para asignar, el emperador se servía de su poder para intervenir en dichos nombramientos. Tiberio sienta el precedente con los Augustales, eligiendo para cubrir las plazas de la nueva *sodalitas* a los *primoribus ciuitatis*[207], pero se convertirá en una costumbre asentada, como queda atestiguado en la elección *ex amicissimis* por parte de Lucio Vero y

[197] TAC., *Ann.* 3, 19; 6, 40, 3; PLIN., *Ep.* 10, 13; CASS. DIO 51, 20, 3.
[198] *CIL* VIII, 7062.
[199] *CIL* VI, 2001, 3.
[200] *CIL* VI, 2004, 14.
[201] MASIER (2009), p. 97.
[202] MOMMSEN (1889), p. 421-422.
[203] PLUT., *Oth.* 1; TAC., *Ann.* 1, 3, *Hist.* 1, 77; PLIN., *Ep.* 10, 13; SUET., *Claud.* 4; CASS. DIO 53, 17, 8; 55, 9, 58, 8.
[204] MOMMSEN (1889), p. 419-420.
[205] SCHEID (1990), p. 207-208.
[206] TAC., *Ann.* 3, 19.
[207] TAC., *Ann.* 1, 54, 2.

Marco Aurelio para cubrir los puestos de los recién creados *sodales Antoniniani*[208].

El caso de los *sodales Flauiales Titiales* es, igualmente, paradigmático. Los miembros de los cuales conservamos referencias epigráficas del periodo flavio, y que por tanto podrían, perfectamente, haber sido miembros fundadores de la nueva *sodalitas* son, sin excepción, personas de extrema confianza de la dinastía imperial. Así ocurrirá con A. Didio Fabricio Veiento, cónsul tres veces durante el periodo flavio y amigo personal[209], delator y confidente[210] de Domiciano[211]; M. Ulpio Trajano, comandante de la *legio X Frentensis* durante la guerra de Judea, cónsul en el 70, receptor de los *ornamenta triumphalia*con motivo de su gestión del conflicto con el rey parto durante su gobierno de Siria entre el 73 y el 74, además de posible compañero de Vespasiano en su estancia en Alejandría inmediatamente después de su proclamación[212]; C. Bellico Natalis Tebaniano cónsul en el 87 y muerto probablemente durante una de las campañas de Domiciano[213], M. Pompeius Silvanus Staberius Flavinus, cónsul tres veces durante el periodo flavio[214], y Q. Pomponio Rufo, *adlecto inter patricios* por Vespasiano y Tito en el 73[215].

Como hemos visto, su condición de personas de total confianza de los emperadores flavios les convierten en los candidatos perfectos para convertirse en miembros fundadores de la *sodalitas* encargada del culto a *diuus Vespasianus* y, tras su muerte, a *diuus Titus*, continuando y consolidando la costumbre Julio-Claudia de completar las filas de los colegios sacerdotales dedicados al culto imperial con personas cercanas al gobernante.

## 2.4. Organización y estructura interna de los *sodales Flaviales Titiales.*

Si bien sabemos a ciencia cierta que la influencia imperial, probablemente la de Tito dado que él es el fundador de la *sodalitas*, tuvo un papel capital en el momento de la elección de los miembros fundadores de los *Flauiales Titiales*, no podemos decir con total seguridad cuál era la organización exacta de este nuevo colegio tras su creación.

[208] *Hist. Aug.*, *Marci.* 7, 11

[209] Iuv., *Sat.* 3, 186; 6, 113.

[210] Iuv., *Sat.* 4, 113; 123-129; Plin.,*Ep.* 4, 22, 4; Ps. Aur. Vic., *Epit.* 12, 5

[211] Crook (1955), p. 164 nr. 148; Garzetti (1960), p. 285; Degrassi (1962), p. 585-586; Schumacher (1973), p. 67, nr. 6; Masier (2009), p. 323.

[212] Masier (2009), p. 382-385.

[213] Masier (2009), p. 361.

[214] Eck (1972), p. 259-276.

[215] Masier (2009), p. 367.

La única información al respecto pasa por un grupo de epígrafes hallados en el Foro en los que se recogen las actas de una *sodalitas* anónima que se ha venido identificando con los *sodales Flauiales Titiales*. En ellas se recogen las cooptaciones de un colegio sacerdotal de los años 180, 190, 198 y 200[216] y 197, 217, 218, 221, 235, 236, 238[217] respectivamente y varios fragmentos que no permiten conocer con exactitud los años que recogen[218].

Los propios editores del *CIL* pusieron en relación este epígrafe con los *Flauiales Titiales* debido a que la organización y los sacerdotes recogidos no coincidían con las actas de las demás *sodalitas*, las cuales ya se habían identificado con anterioridad en otros epígrafes[219].

Momigliano añade que el hecho de que los sacerdotes recogidos en este conjunto epigráfico se reúnan en un templo de Júpiter, identificado además con un templo palatino construido por Domiciano, reforzaría la interpretación de dichos epígrafes como pertenecientes a nuestra *sodalitas*. El hecho por el cual la reunión de estos *sodales* en un templo jupiterino de época domicianea los identificaría con los *Flauiales Titiales* es, para Momigliano, la estrecha relación del colegio con esta divinidad al menos en tiempos de Domiciano, como demostraría el ya mencionado fragmento de Suetonio[220] en relación a su presencia en el Agón Capitolino[221].

Esta teoría de reconocimiento de los *Flauiales Titiales* ha calado profundamente entre los investigadores, dada su verosimilitud, convirtiéndose en una opinión mayoritaria. Tal es así que algunos autores utilizan estas actas como si fuesen las de los *sodales Flauiales Titiales* sin llegar a tratar la problemática de su identificación presentada por la corriente de investigación contraria a la misma, justificada por la no mención expresa del colegio en los epígrafes[222].

Un argumento en contra de la identificación, según Suess, sería la no aparición, en los epígrafes, de ninguna mención a reuniones el 17 de noviembre o el 30 de diciembre, fechas de nacimiento de Vespasiano y Tito. Sin embargo, sí que se reúnen el 12 de diciembre y el 10 de abril. La celebración de la fecha de ambos *diuus* sería, según la investigadora, un punto señalado en el calendario de la *sodalitas*, tal y como había sido tradicional con la dinastía Julio-Claudia[223].

Es curioso que la autora señale la no aparición de los aniversarios imperiales en los epígrafes ya que, tal y como ella menciona en su obra, los

[216] *CIL* VI, 2004.
[217] *CIL* VI, 2009.
[218] *CIL* VI, 2005-2008. CALDELLI (1993), p. 66.
[219] *CIL* VI, 2004-2009.
[220] SUET., *Dom.* 4, 4.
[221] MOMIGLIANO (1975), p. 663.
[222] MASIER (2009), p. 102-103.
[223] SUESS (2011), p. 122.

ritos de los hermanos Arvales de época domicianea, y quizá ya desde época de Vespasiano, se caracterizan, precisamente, por la desaparición de los ritos llevados a cabo con motivo de los aniversarios relacionados con los miembros de la casa imperial, ya sean estos personajes vivos o *diui*[224]. No sería ilógico pensar, por tanto, que los *sodales* dedicados al culto imperial flavio también hubiesen modificado su calendario sacro respecto a los *sodales Augustales Claudiales* de época Julio-Claudia en un paralelo al cambio orquestado por los Arvales. Es bastante probable que dichas fechas no formasen parte del calendario de los *sodales* ya desde época flavia.

Por nuestra parte, nos inclinamos a interpretar el conjunto epigráfico como parte de las actas del colegio de nuestro estudio, defendiendo que el criterio de Momigliano y de los editores del *CIL*, respecto a la originalidad de las estructuras presentadas y su diferenciación fundamental con las actas conservadas del resto de colegios, es correcto. También consideramos la relación entre los *sodales Flauiales Titiales* y el culto a Júpiter lo suficientemente cercana, como ya analizaremos más adelante, como para tomar la referencia al templo de *Iuppiter Propugnator* como un punto a favor de dicha identificación.

Sin embargo, se presenta un nuevo problema para nuestro estudio: el desconocimiento de dónde se halla el templo de Iuppiter Propugnator, habiendo sido imposible, hasta la fecha, encontrar la localización exacta de sus restos. Una de las teorías más interesantes es la presentada por Torelli en unartículo de 1987, que identifica, en el templo considerado tradicionalmente como el templo de Iuppiter Stator[225], el templo mencionado por las actas atribuidas a los *sodales Flauiales Titiales*. La presencia de decoraciones marmóreas típicas de época flavia en esta estructura y su técnica constructiva llevan al investigador a datarla en los años ocupados por el gobierno de dichadinastía. A través de la identificación del templo justifica, entre otras cosas, la extraña presencia a las afueras del Foro del arco de Tito, que habría sido situado en tal lugar para resaltar espacialmente un vínculo ideológico con el templo aledaño con la intención de marcar el lugar de nacimiento de Tito[226]*in palatio*[227].

A partir de dicha identificación, y analizando la configuración de las distintas estructuras dedicadas al culto imperial o a la exaltación de la *gens*, desarrolla una compleja teoría sobre el reflejo espacial de la ideología domicianea de exaltación de los *diui Vespasianus* y *Titus* en la arquitectura y el urbanismo de Roma. Por entonces no se habían hallado restos claramente

[224] SUESS (2011), p. 18-24.

[225] PLATNER / ASHBY (1965), p. 304; RICHARDSON (1992), p. 225; COARELLI (1996), p. 155-157.

[226] SUET., *Tit.* 1, 1.

[227] TORELLI (1987), p. 573-574.

identificables con aquellos del arco dedicado a *diuus Vespasianus* en la *summa sacra uia*, situado por Torelli bajo la posterior basílica de Majencio y reflejado en el sarcófago Haterii[228],ni de los templos a los que hace referencia. A día de hoy, el hallazgo de fragmentos de un monumento flavio en la nave occidental de la basílica de Majencio, lugar donde, como ya hemos dicho, había hipotetizado Torelli la presencia del arco triunfal de la *summa sacra uia* del sarcófago Haterii, podrían atribuirse probablemente al mismo, confirmando en cierto modo su hipótesis[229].

Así, su suposición de la existencia de tres arcos relacionados con tres templos dedicados a cada uno de los tres emperadores de la dinastía flavia se basa en su identificación del templo aledaño al arco de Tito con Iuppiter Propugnator, en el alineamiento del arco de Domiciano con el arco del *diuus Titus* y en la destrucción del arco de Vespasiano ya mencionado y su correspondiente templo con motivo de la desviación de la Vía Sacra en el momento de la construcción del templo de Venus y Roma y de la basílica de Majencio[230].

A pesar de la seguridad de Torelli en cuanto a la identificación de la estructura templar adyacente al arco de Tito como el templo de Iuppiter Propugnator, otros autores difieren tangencialmente de tal identificación. Tal es el caso de Arce, Sánchez-Palencia y Mar, que realizaron excavaciones en dicho recinto en 1989 y que consideran los argumentos y pruebas de Torelli como, literalmente, inaceptables[231]. De esta manera, datan con total seguridad la estructura en un periodo posterior a la reconstrucción flavia de la zona tras el incendio del 64 y niegan la posibilidad de identificar la misma con los restos de un recinto templar por las características físicas de los restos hallados. Ven en los mismos, sin embargo, algún tipo de monumento urbano desconocido para las fuentes y situado sobre el espacio de tránsito alrededor del arco de Tito[232].

De esta manera, la que podía convertirse en una buena oportunidad para demostrar la pertenencia de estas actas a la *sodalitas* flavia, a través del descubrimiento del templo en el cual estaban depositadas, nos está vedada ante la falta de hallazgos. Futuras excavaciones en la zona podrían ofrecer nueva luz sobre el problema, facilitándonos datos exactos sobre la utilización y significación del templo en relación con el culto imperial flavio y ofreciéndonos un marco interpretativo precioso a la hora de abordar nuestra materia de estudio. Pasamos a analizar, por tanto, dicho conjunto epigráfico, tratando de dilucidar si éste puede ser identificado con los *sodales Flauiales*

[228] COARELLI (2009), p. 85.
[229] HÖLSCHER (2009), p. 50-51.
[230] TORELLI (1987), p. 574-582.
[231] ARCE / SÁNCHEZ-PALENCIA / MAR (1989), p. 308.
[232] ARCE / SÁNCHEZ-PALENCIA / MAR (1989), p. 313-314.

*Titiales* e intentando esbozar un esquema organizativo de tal colegio religioso a través de sus contenidos, a falta de un contexto más amplio.

En los fragmentos de las actas atribuidas a los *Flauiales Titiales* se señalan los nombres de los cónsules ordinarios, la indicación de los años desde la fundación de Roma, el periodo del año, el día y el mes en el que el senador recibe el cargo, el lugar, *in Palatio in aede Iouis Propugnatoris*, y el nombre del personaje cooptado.

Recogen igualmente las cooptaciones de personajes bien conocidos por los historiadores. Así, en las líneas 3 a 8 del CIL VI, 2009 aparece la cooptación del emperador Macrino y de su hijo Maco Opellio Antonino Diadumeniano en el 217, de la 9 a la 13 la de Heliogábalo en el 218, de la 14 a la 16 la de Severo Alejandro en el 221, de la 17 a la 20 la de Maximino en el 235 y de la 21 a las 23 la de Cayo Iulio Vero Maximo[233]. Esta plétora de personajes cercanos a la casa imperial indica el mantenimiento de cierto prestigio del colegio en periodos tan tardíos respecto a su fundación como el siglo III.

El problema de la presencia de dichos personajes es que su número supera, por mucho, el número normal de *decurias* comunes en una *sodalitas* de culto imperial. Normalmente había tantas *decurias* como puestos en una *sodalitas*[234], como ocurría en el caso de los augures. Si bien *decuria* significa normalmente un grupo de 10 personas, tenía un sentido original de división en partes de un grupo, pero sin especificación de número de miembros en cada parte[235].

Es tal el número de cooptaciones imperiales que, según Henzen en el *CIL*[236], podría integrarse la expresión *supra numerum* en la línea 8, indicando de Diadumeniano fue cooptado por la *sodalitas* más allá del número ordinario de miembros, y en las líneas 16 y 23 para la cooptación de Marco Aurelio Alejandro y Cayo Iulio Vero Maximo. Con ellos el colegio de los Flauiales supera en 9 decurias el número normal de miembros que, según Masier, sería el mismo que el de su modelo, los *sodales Augustales Claudiales*, es decir, 21[237].

Este inusitado ascenso del número de *sodales* motivado por el acceso continuado de miembros de la familia imperial se podría explicar por la falta de plazas disponibles, al no quedar vacantes, y a la condición del *Pontifex Maximus* del emperador, que podría haberle permitido el crear decurias *supra numerum* para incluir nuevos miembros de la dinastía Severa.

Este crecimiento desmesurado de miembros explicaría en cierto modo la irregularidad de las decurias que son características de las actas de este colegio. Masier propone que el registro de los miembros de la familia imperial

233 MASIER (2009), p. 104.
234 BEURLIER (1890), p. 82; MARQUARDT (1890), p. 279; CAGNAT (1911), p. 1371.
235 MASIER (2009), p. 108.
236 *CIL* VI, 2009.
237 MASIER (2009), p. 106.

podía estar inscrito de manera individualizada y diferenciada del resto de cooptaciones ordinarias, lo cual explicaría la no presencia de cooptaciones *in locum* en el fragmento *CIL* VI 2009. Dicha expresión, que indica el acceso al cargo en sustitución de una baja, sí aparece en el fragmento *CIL* VI 2004 en las líneas 4-5, 7-9, 12-13, al igual que la formula *uita functus* en las líneas 7-9, 12-13. Este último epígrafe, por tanto, reflejaría las cooptaciones realizadas en una de las *decurias* ordinarias de la *sodalitas*, es decir, la historia de uno de los 21 puestos ordinarios disponibles en el colegio[238].

Teniendo en cuenta este último punto, el paralelo con los *sodales Augustales Claudiales* es claro: el acceso a un puesto, a no ser que se dé *supra numerum* por deseo expreso del emperador, solo era posible tras la baja de uno de los miembros. Es más, si bien se da un nombramiento *ex litteris*[239], es decir, por recomendación imperial, éste sigue el procedimiento común de sustitución *in locum* de otro de sus miembros. La aparente incoherencia del epígrafe *CIL* VI 2009 se explicaría, por tanto, como una clara muestra de la intervención imperial directa en el funcionamiento y composición del colegio sacerdotal a favor de su propia dinastía.

Otros autores, a la hora de aventurar el número de miembros de esta *sodalitas*, han señalado el epígrafe del sarcófago de C. Bellico Natal Tebaniano[240], hallado en Pisa, como una prueba de que el colegio contaba, contra todo pronóstico, con 15 miembros. Esta deducción se sustenta en el hecho de que el epígrafe al que hacemos referencia, el epitafio de uno de los posibles miembros fundadores de la *sodalitas* flavia, recoge la expresión *XVuir Flauialium*[241].

Se han logrado dar varias hipótesis de identificación. Una de ellas, la defendida, entre otros, por Dessau[242], tiende a considerar dicha expresión como prueba de que el número de miembros de los *sodales Flauiales Titiales*, al menos en época de Domiciano, sería 15, haciendo referencia *XVuir Flauialium* a la *sodalitas* en sí. Si esta teoría pudiese ser confirmada se convertiría en la única prueba sólida e indiscutible del número de miembros del colegio. Teniendo en cuenta que el propio Dessau se desdiría a posteriori de su propia afirmación[243], atribuyendo a Tebaniano los cargos de XVvir y *sodal Flauial*, su consideración inicial no pasaría de la mera hipótesis.

De Ruggiero[244] afirma que nuestro personaje sería parte de los *VIuiri Flauiales*, colegio sacerdotal provincial similar a los *VIuiri Augustales*dedicado al culto flavio, deduciendo a priori un error del lapicida.

238 Masier (2009), p. 106-107.
239 *CIL* VI, 2004, 14.
240 *CIL* XI, 1430 = *ILS* 1009.
241 Jullian (1896), p. 1188, Momigliano (1975), p. 658, n 4.
242 Dessau (1877), p. 213.
243 Dessau, en *ILS* 1009.
244 De Ruggiero (1922), p. 160.

Bormann[245] interpreta el epígrafe como una referencia a un *XVuir ex collegio Flauialium*.

Por nuestra parte consideramos que el ordenamiento de los *sodales Flauiales Titiales* no tendría por qué ser distinto en cuanto a número de miembros a los *sodales Augustales Claudiales* e interpretamos la inscripción de Tebaniano de la forma más obvia y, desde nuestro punto de vista, lógica. Vemos en la inscripción una referencia por un lado, a la pertenencia de nuestro personaje a los *XVuiri sacris faciundis* y, por otro, a los *sodales Flauiales*, siendo la única prueba del número de miembros del colegio flavio las actas a las que ya hemos hecho referencia.

Otros datos interesantes sobre el funcionamiento y organización de la *sodalitas* flavia vienen dados por los epígrafes referentes a otros miembros del colegio. Es el caso de la mención de la existencia de unos *sacerdotes Titiales Flauiales*[246]y de un *kalator sacerdoti Titialium Flauialium*[247].

La visión tradicional ha sido reconocer en los *sacerdotes* a los *flamines* de los *sodales Flauiales Titiales* desconocidos por la epigrafía[248]. A favor de dicha hipótesis apunta el hecho de que, nuevamente, la *sodalitas* objeto de estudio es, aparentemente, única. Solo en ella se ha documentado epigráficamente el uso de ambos términos[249]. También habría que tener en cuenta que la interpretación de Jullian resolvería el desconocimiento completo que tenemos de ningún *flamen diui Titi* o *diui Vespasiani* que coordine a los *Flauiales Titiales* en Roma, cuando los conocemos perfectamente en la esfera provincial[250].

Frente a esta visión se presenta una de las propuestas más convincentes, que es la que apunta Momigliano. El autor italiano afirma que serían miembros normales de la *sodalitas*[251] y, basándose en varias citas de Tácito en las que reiteradamente usa el término *sacerdotes* como sinónimo de *sodales*[252], al igual que hace Suetonio[253] como bien menciona Gradel[254], y en el hecho de que el epígrafe que recoge al *kalator sacerdoti Titialium Flauialium*[255] se refiere a los sacerdotes en plural, con lo que estaría señalando un órgano colegiado, una *sodalitas* de *sacerdoti*, en vez de a un *flamen* único[256], desmonta la teoría

[245] BORMANN, en *CIL* XI, 1430.
[246] *CIL* VI, 6,1523y *CIL* VIII, 597.
[247] *CIL* VI, 2188.
[248] JULLIAN (1896), p. 1188.
[249] MASIER (2009), p. 72.
[250] MOMIGLIANO (1975), p. 660.
[251] MOMIGLIANO (1975), p. 659-661.
[252] TAC., *Ann.* 1, 10, 5 o 1, 54.
[253] SUET., *Tib.* 26, 1.
[254] GRADEL (2002), p. 278.
[255] *CIL* VI, 2188.
[256] MOMIGLIANO (1975), p. 661.

tradicional defendida por Jullian[257]. El hecho de utilizar el término *sacerdos* derivaría, según el autor italiano, de la mayor cantidad de funciones otorgadas a los *sodales Flauiales Titiales* en relación con el culto de Júpiter, teóricamente atribuidas por Domiciano o, incluso, ya por Tito[258]. Si bien compartimos la argumentación de Momigliano,debemos señalar que el término *sacerdotes* no es exclusivo de los *Flauiales Titiales* en la literatura, ya que Suetonio, en la cita ya mencionada[259], usa el término en referencia al gobierno de Tiberio y, por tanto, la denominación no haría referencia a ninguna competencia especial del colegio objeto de nuestro estudio.

Debería entenderse, así, que el término *sacerdos* no hace sino añadir más variabilidad a la hora de nombrar a los *sodales Flauiales* en la epigrafía. Los motivos de esta variabilidad son, hasta la fecha, desconocidos debido a la ausencia de pruebas firmes para crear una hipótesis sólida. Habría que tener en cuenta, sin embargo, que los epígrafes en los que se nombra a los *sodales* como *sacerdotes* son de épocas tardías respecto a la creación de la *sodalitas*, pudiendo pertenecer dicha terminología a reformas posteriores a la época flavia. No sería, por tanto, necesario presuponer una mayor amplitud de funciones de los *sodales Flauiales Titiales* a priori. El hecho de que las inscripciones en las que aparece el término se datan en los gobiernos de Adriano y Marco Aurelio[260] ha provocado que algunos autores hayan visto en ellos un colegio distinto creado en época de los Antoninos[261] paralelo al *ordo sacerdotum domus Augustae*[262].

Más allá de esta consideración, la presencia del *kalator* muestra una similitud con los demás colegios dedicados al culto imperial, como es la presencia de personal esclavo auxiliar entre los *Flauiales*[263] del mismo modo que se documenta entre los *Titii*, los *Augustales* o los *Antoniniani*[264]. El sacerdote tenía a su servicio *lictores*, *pullari*, *uictimarii*, *tibicines*, *uiatores*, *kalatores*, y *apparitores*[265].Además de los *kalatores* documentados en relación con los *Flauiales Titiales*[266] conocemos, por ejemplo, *uiatores* de los Augustales[267]. De esta manera, podemos deducir, a partir de los datos fragmentarios aportados por la epigrafía, una organización y funcionamiento

257 JULLIAN (1896), p. 1188.
258 MOMIGLIANO (1975), p. 664.
259 SUET., *Tib.* 26, 1.
260 VARHELYI (2002), p. 40.
261 SUESS (2011), p. 122.
262 RÜPKE (2008), p. 10.
263 *CIL* VI, 37177; *CIL* VI, 37178; *CIL* VI, 33084 = *ILS* 4987.
264 MASIER (2009), p. 83.
265 MARQUARDT (1890), p. 271-273.
266 *CIL* VI, 2188 y *CIL* VI, 2190.
267 *CIL* XIV, 3647 = *ILS* 4979.

del colegio de los *sodales Flauiales Titiales* muy similar a la de sus homólogos dedicados al culto imperial de otras dinastías.

Sin embargo, permanece sin respuesta una pregunta fundamental que trataremos en la segunda parte del presente trabajo: ¿dónde está el teórico *flamen diui Vespasiani* o *diui Titi* mencionado por la epigrafía a escala provincial pero desconocido en Roma?

## 3. El *flamen Dialis* y los *sodales Flauiales Titiales.*

Uno de los múltiples problemas a la hora de enfrentarse a los *sodales Flauiales Titiales* es la completa ausencia tanto en las fuentes literarias como en las epigráficas de un *flamen diui Vespasiani* o un *flamen diui Titi* que coordinase las actividades del colegio sacerdotal flavio. Las propuestas han sido variadas y no del todo convincentes, generando mucha polémica y teorías enfrentadas.

La principal fuente para desentrañar este misterio es la cita de Suetonio en su *uita Domitiani* (IV, 4), en la que, como ya hemos visto, se menciona la presencia de los *sodales Flauiales Titiales* acompañando al emperador con motivo de la inauguración del recién creado Agón Capitolino. Sin embargo, debido a las múltiples hipótesis que han surgido en relación a dicho pasaje, su interpretación no es, ni mucho menos, obvia o sencilla. El texto es muy breve, da menos información de la que cabría esperar y, por sí solo, hace surgir más dudas que certezas.

Otro tanto ocurre con la epigrafía. El limitado número de inscripciones con información útil sobre los *sodales Flauiales Titiales* y lo controvertido de su interpretación, como ya hemos visto, llevan a un conocimiento limitado y asentado sobre bases menos fuertes de lo deseable. La aparente ausencia de un *flamen diui Vespasiani* o un *flamen diui Titi* se convierte, en este contexto, en un desafío para el historiador.

Por tanto, es necesario, como hemos dicho más arriba, dar un enfoque más amplio a nuestra investigación. Igual de importante que el análisis de los hechos recogidos por Suetonio o los datos aportados por la epigrafía es el contexto ideológico y político en el cual fueron creados. La iconografía, los grandes edificios monumentales o la numismática son fuentes inestimables de información que permiten al investigador conocer cuál fue la motivación tras la creación de la *sodalitas*, qué necesidades de legitimación debían ser cubiertas a través de su fundación.

En las siguientes páginas intentaremos arrojar algo de luz sobre la problemática inherente a la aparente ausencia de un *flamen* encargado de coordinar las actividades cultuales de los *sodales Flauiales Titiales* a través dela recopilación y análisis pormenorizado de todas las pruebas arqueológicas, iconográficas, epigráficas e históricas que aportan algo de información sobre el tema de estudio. Nos disponemos, igualmente, a comprobar si es posible afirmar, a partir de nuestras fuentes, la relación entre el *flamen Dialis*, principal sacerdote de Júpiter Óptimo Máximo, y los *sodales Flauiales*

*Titiales*, ya aventurada por Momigliano en 1935[268], y a analizar qué intencionalidad y necesidades ideológicas llevarían a la creación de dicho vínculo en época flavia.

### 3.1. La ausencia epigráfica de *flamines* de los *divi* flavios en Roma.

Como ya hemos señalado anteriormente en reiteradas ocasiones, una de las múltiples características propias exclusivamente de los *sodales Flauiales Titiales*, además de su variabilidad epigráfica en cuanto a titulatura, es la completa ausencia de un *flamen diui Vespasiani* o un *flamen diui Titi* en Roma en todo el registro histórico, arqueológico y epigráfico existente desde su fundación hasta su extinción.

El modelo a seguir por parte de Tito a la hora de crear a los *sodales Flauiales* fueron los *sodales Augustales Claudiales.* En la organización de los mismos era fundamental la figura del *flamen diui Augusti*, siendo el primero de ellos el propio Germánico[269], seguido por Druso y Nerón[270] debido a que, tras la muerte del primer *flamen*, se decretó la pertenencia obligatoria del *flamen diui Augusti* a la *gens Iulia*[271]. Por su parte, Livia, esposa de Augusto, se convertiría en la primera *flaminica*[272].

De igual modo ocurrirá a la muerte de Claudio, cuando Agripina se convierte en su *flaminica*[273] y C. Hostidio Geta, que no parece ser miembro de la familia imperial, en su *flamen*[274]. Teniendo en cuenta, igualmente, que en época de Nerón el *flamen diui Augusti* es D. Iunio Silano Torquato[275], pariente lejano de Augusto, se deduce que la norma de la pertenencia del *flamen* a la *gensIulia* se había suavizado a lo largo de los años, aunque no desaparecido.

La opción más fácil para explicar la ausencia de estos *flamines* sería achacarla a una laguna del registro epigráfico, que, por azares del destino, no habría conservado ningún epígrafe en ningún rincón del Imperio que recoja la titulatura de algún *flamen diui Vespasiani* o *flamen diui Titi* que ejerciese su función como sacerdote estatal en Roma. Dicha tesis es, como se ve, difícilmente sostenible, ya que han llegado hasta nosotros ejemplos de *flamines* de los demás colegios sacerdotales dedicados al culto imperial, como pueden

[268] Momigliano (1975), p. 657-666.
[269] Tac., *Ann.* 2, 85,1; Cass. Dio 56, 41,1; *CIL* X, 513.
[270] Rüpke (2008), p. 161-173.
[271] González (1999), p. 132-142.
[272] Tac., *Ann.* 1, 73, 3; Cass. Dio 56, 1.
[273] Tac., *Ann.* 13, 2, 3.
[274] Rüpke (2008), p. 721.
[275] Suess (2011), p. 118.

ser los *flamines* de *diuus Augustus*[276], *diuus Nerua*[277], *diuus Traianus*[278]o *diuus Hadrianus*[279].

Si tenemos en cuenta, además, que en caso de existir un cargo estatal como el de *flamen diui Vespasiani* éste sería ejercido por un miembro de la familia imperial, siguiendo el modelo Julio-Claudio, no se explicaría su ausencia epigráfica entre los títulos de las inscripciones honorificas dedicadas a los componentes de la *gens* Flavia.

Es más, disponemos de un amplio corpus epigráfico de *flamines diui Vespasiani* y *flamines diui Titi* locales procedentes de todos los territorios ocupados por Roma en época imperial. Momigliano mostró en su artículo un amplio repertorio de 36 *flamines diui Vespasiani* y *flamines diui Titi* hallados hasta la fecha en la que se publicó su famoso artículo[280], al igual que hizo más recientemente Suess[281], que recoge una lista más actualizada. También menciona Momigliano a dos *flaminicae* de Julia Titii[282], de Novaria y de Aeclanum respectivamente, cosa totalmente desconocida a nivel estatal.

Aún a día de hoy siguen apareciendo nuevos epígrafes que muestran a personajes que ostentaron el cargo sacerdotal de *flamines diui Vespasiani* y *diui Titi* a escala local. Un ejemplo es un epígrafe recogido en el último número publicado de *L'Année épigraphique* en el momento de la redacción del presente estudio, el de 2010, en el que se menciona a C. Pomponio Vitalis, *flamen diui Vespasiani* y *aedilis Teruenti*[283].

El mismo proceso se da con los epígrafes dedicados a *sodales Flauiales Titiales*, los cuales recogeremos en un corpus actualizado al final de este estudio, cuyo número no ha hecho sino aumentar desde la publicación del artículo de Momigliano gracias a los nuevos descubrimientos realizados desde el siglo pasado. Al igual que ocurre con el caso de los *flamines* locales, un nuevo *sodalFlauial* aparece recogido en el último número de *L'Année épigraphique*[284].

Ya que el ritmo de aparición de epígrafes dedicados a *flamines* locales no ha disminuido respecto a tiempos de Momigliano, como tampoco lo ha hecho el

[276] *CIL* X, 513.
[277] *CIL* VI, 31034, 32445b.
[278] *CIL* VI, 1383; *CIL* XIV, 4242.
[279] *CIL* IX, 1160.
[280] MOMIGLIANO (1975), p. 660-661.
[281] SUESS (2011), p. 118, n. 107; *AÉ* 1908, 205; 1913, 190; 1916, 117; 1917/1918, 23; 1934, 232; 1947, 46; 1952, 226; 1973, 616; 1987, 204; 1987, 478; 1988, 182; 1988, 184; *CIL* II, 2227, 2412, 6095; III, 660, 13910; V, 5239, 5667, 6360, 6513, 6514, 6797, 6995, 7021, 7458; VIII, 14364, 26470, 26604; IX, 731, 2600, 2855; X, 413, 5382; XI, 1447a, XIV, 298, 400, 4142, 4622, 4641, 4664; *ILAfr* 280, 469; *ILTun* 723, 1513; *IRT* 275, 347.
[282] *CIL* V, 6514 y *CIL* IX, 1153.
[283] *AÉ* 2010, 376.
[284] *AÉ* 2010, 1726.

de inscripciones dedicadas a *sodales Flauiales Titiales,* se hace difícil pensar que la no aparición de *flamines* estatales dedicados a los *diui* flavios se deba, exclusivamente, a una cuestión de azar. Si bien hemos de reconocer que los *flamines* serían más escasos que los *sodales*, al ser un cargo único, no se explica el por qué los *flamines* de la *sodalitas* flavia deben ser una excepción respecto al resto de *sodalitates* dedicadas al culto imperial.

Debido a la dificultad, que no imposibilidad, de que la ausencia de estos *flamines* venga dada por limitaciones del registro epigráfico y arqueológico, se han dado diferentes hipótesis de interpretación. Como ya hemos mencionado antes, una de las que más arraigo tiene en la investigación desde el siglo XIX es la recogida por Jullian, que insiste en identificar a los *sacerdotes Flauiales Titiales* de la epigrafía con los *flamines* desaparecidos[285].

Como ya hemos dicho más arriba, y como argumentó Momigliano, uno de los epígrafes que recogen a un *kalator* de los *sodales Flauiales Titiales* utiliza la expresión *kalator sacerdoti Titialium Flauialium*, lo que descarta al *sacerdos* como *flamen* al utilizar un plural, refiriéndose evidentemente al órgano colegiado de *sodales*[286]. El hecho de utilizar el término *sacerdos* derivaría de la mayor cantidad de funciones otorgadas a los *sodales Flauiales Titiales* en relación con el culto de Júpiter, atribuidas, según el autor italiano, por Domiciano[287].

Sin embargo, consideramos que esta afirmación es del todo innecesaria para explicar la utilización del término *sacerdos* como sinónimo de *sodalis*, ya que fuentes del periodo, como Tácito[288] o Suetonio[289], utilizan ambos términos indistintamente. De esta manera, a pesar de ser los *Flauiales Titiales* los únicos *sodales* estatales en utilizar dicho término, no tendría una implicación mayor que la variabilidad epigráfica, por otro lado nada extraña para esta *sodalitas*. También hay que tener en cuenta que los epígrafes en los que se menciona a *sacerdotesFlauiales Titiales*, son posteriores a la época flavia, siendo posible una identificación con reformas llevadas a cabo en el colegio *a posteriori* o, como han propuesto algunos investigadores, que pertenezcan a otro colegio sacerdotal creado bajo los Antoninos[290]. De nuevo consideramos esta última hipótesis como interesante pero innecesaria.

Jullian[291], intentando conservar el esquema Julio-Claudio de organización de los colegios de culto imperial, remeda la frase de Suetonio, convirtiendo la expresión *Diali sacerdote* en *Titialisacerdote*, lo cual solucionaría, de un plumazo, el problema de la ausencia de un *flamen* dedicado al culto Flavio. A

285 JULLIAN (1896), p. 1188.
286 MOMIGLIANO (1975), p. 661.
287 MOMIGLIANO (1975), p. 664.
288 TAC., *Ann.* 1, 10, 5 y 54.
289 SUET., *Tib.* 26, 1.
290 RÜPKE (2008), p. 122.
291 JULLIAN (1896), p. 1189, n. 2.

pesar de ello, su teoría no resuelve el enigma de la ausencia epigráfica de dicho *flamen Titiali*, careciendo de más base que el deseo del autor de hacer encajar la cita de Suetonio en la visión tradicional de las *sodalitates* imperiales.

Debe señalarse, igualmente, la existencia de un *pontifex Flauialis* de época tardoimperial, datado en la primera mitad del siglo IV, recogido en tres inscripciones[292]. Si bien podría haberse querido ver en éste al desconocido *flamen* rector de los *sodales Flauiales Titiales*, la hipótesis más acertada hasta la fecha es la ofrecida por Rüpke[293] en su análisis del personaje honrado en la inscripción, L. Aradio Valerio Proculo, al cual incluye erróneamente, sin embargo, entre los *sodales Flauiales Titiales*. Afirma que este cargo de *pontifex Flauialis* se correspondería con un colegio sacerdotal de época de Constantino que habría imitado las actividades de culto de los *Flauiales Titiales* pero reorientadas a la nueva dinastía Flavia. Debemos tener en cuenta que para época de Constantino el culto imperial ya había ido perdiendo prestigio con anterioridad[294].

Este colegio sacerdotal estaría confirmado por el llamado rescripto de Hispellum[295], en el cual Constantino da permiso a los habitantes de esta población de la Umbría para levantar un templo, dotado con sus respectivos sacerdotes, en honor a la familia imperial[296]. Si tenemos en cuenta que se conoce un personaje de la zona, C. Matrinius Aurelius, que es designado como *pont(ifici) gentis Flauiae*[297] y está claramente relacionado con el templo dedicado a la *gens* de Constantino, podemos afirmar, con bastante seguridad, que L. Aradio Valerio Proculo no es el *flamen Flauialis* desaparecido de la epigrafía, no perteneciendo, ni siquiera, a los *sodales Flauiales Titiales*.

Por tanto, una vez analizados los datos epigráficos disponibles respecto a la existencia de un *flamen* específico de la *gens* Flavia o de alguno de sus *diui* en el culto imperial estatal Flavio, debemos confirmar que no hay pruebas que sustenten la existencia del mismo. Teniendo en cuenta que la teoría de un vacío epigráfico tan selectivo es improbable, los *sodales Flauiales Titiales* tuvieron que disponer de alguna otra figura encargada de su coordinación y organización, de un *flamen* encargado de representar el máximo exponente del culto imperial flavio que no fuera un *flamen diui Vespasiani* o un *flamen diui Titi*. Pasaremos, entonces, a analizar los datos derivados de fuentes epigráficas no directamente relacionadas con la *sodalitas* y del contexto ideológico en el que dicho colegio sacerdotal fue creado.

[292] *CIL* VI, 1690, *CIL* VI, 1694 y *CIL* VIII, 24521.
[293] RÜPKE (2008), p. 543, n. 707.
[294] GRADEL (2002), p. 365.
[295] *CIL* XI, 5265.
[296] GASCOU (1967), p. 615-616; FERNÁNDEZ UBIÑA (2012), p. 107.
[297] *CIL* XI, 5283.

### 3.2. Domiciano y Júpiter: El *flamen Dialis* y los *sodales Flaviales Titiales* en el Agón Capitolino (Suet., *Dom.* 4, 4).

Como ya hemos mencionado en diversas ocasiones, la principal fuente de la que disponemos para identificar al misterioso *flamen* de la *sodalitas Flauial Titial* es el pasaje de Suetonio en el que éste describe los actos llevados a cabo en el estadio de Domiciano con motivo de la instauración de los nuevos Juegos Capitolinos en el 86[298]. Debemos tener en cuenta la relevancia del momento de la inauguración del Agón. La importancia otorgada por Domiciano al nuevo festival, dedicado a Júpiter, divinidad con la cual desarrolló una especial vinculación ideológica[299], es palpable, realizando un programa arquitectónico de primer orden con motivo del mismo[300]. La restauración del Circo Máximo, la construcción del monumental estadio de Domiciano, ubicado bajo la actual piazza Navona, o la construcción del Odeón[301] estarían destinadas, principalmente, para esta ocasión. Hay que analizar, sin embargo, el significado que tenían las celebraciones agonales dentro de la justificación del poder del gobernante.

La elección del *agon* como vehículo de la legitimidad imperial por parte de Domiciano no es, ni mucho menos, casual. Ya desde época tardorepublicana, con el contacto entre Roma y el mundo helenístico, se habían llevado a cabo de forma recurrente diferentes espectáculos de carácter griego que, sin embargo, no podían ser calificados de *agon* de forma inequívoca. Estos consistían en espectáculos aislados incluidos en *certamina* de carácter romano[302], siendo así totalmente desvinculados del significado que los mismos tenían dentro del espectáculo agonal tradicional, al ser realizados junto con diversos *ludi*, *scaenici* o *circenses*, *munera*, *uenationes* o *naumachiae*.

La ausencia de periodicidad, que explicaría la no creación de estructuras permanentes en la ciudad de Roma para albergar este tipo de espectáculos, siendo el Circo Máximo la única excepción, es una de las principales características que diferencian este tipo de celebraciones respecto al modelo original griego[303]. La inicial exclusión del modelo agonal griego en Roma se explica por el rechazo de los sectores más tradicionales de la *urbs*[304], que no percibían en estas competiciones un sentido práctico evidente y provechoso para el Estado, ya que podían suponer la corrupción de la juventud[305].

298 Caldelli (1993), p. 54.
299 Caldelli (1993), p. 62-63.
300 Virgili (1987), p. 71-78.
301 Caldelli (1993), p. 68.
302 Caldelli (1993), p. 15-16.
303 Caldelli (1993), p. 20.
304 Sen., *De breu. uit.* 12. 2; Plin., *NH.* 29, 26; 35, 168; Tac., *Ann.* 14, 20.
305 Wistrand (1992), p. 48-54.

Y es que el agón, como celebración, tenía una serie de características propias que lo diferenciaban de otros espectáculos. De esta manera, el agón tenía un indudable carácter sacro, estando relacionado con el mito y dedicado a la divinidad. Ya en época helenística, con la imposición del culto al gobernante, este tipo de celebraciones pasarán a formar parte del mecanismo de justificación política del monarca[306]. Es esta evolución la que hace atractiva la celebración agonal, en su vertiente ideológica, a los emperadores romanos, que no dudarán en incluirla dentro del aparato de legitimación religiosa del gobernante.

El espíritu competitivo de los agones griegos, con la entrega al vencedor de premios y reconocimiento dentro de su comunidad de origen[307], diferencia igualmente al agón griego de los espectáculos tradicionales romanos. La existencia de premios, y el consecuente fomento de la "profesionalización" de los atletas[308], era la expresión de la cultura del gimnasio que, siendo ajena a la mentalidad tradicional romana, no será asumida sino de forma paulatina y enfrentándose al rechazo frontal por parte de los sectores más tradicionalistas. Por ello, el agón griego no será completamente asumido en Roma hasta que se complete esta adopción de la cultura helenística en la *urbs*[309].

El primero en celebrar un espectáculo de tipo agonal como tal fue Augusto, al instituir los *ludi pro ualetudine Caesaris*, quinquenales y estrechamente relacionados con la exaltación del emperador. La única diferencia respecto al agón griego tradicional es la carencia de *agon musicus*, lo cual ha llevado a algunos autores a defender que, a pesar de que tanto los motivos para su creación como el espíritu de la propia celebración coinciden con los de los espectáculos helenísticos, no podría ser considerado un agón en sentido estricto[310]. A través de estos *ludi*, Augusto no solo se presentará como protector de la cultura griega[311], sino que encontrará otra vía de exaltación de su papel como *primus inter pares* en Roma.

Esta fundación por parte de Augusto no será única, ya que creará nuevos agones en otras ciudades. En Nicópolis se instituirán los *Actia*[312], dedicados a *Apollo Actiacus* para conmemorar la victoria del *princeps* sobre Marco Antonio y Cleopatra en la batalla de *Actium*. En este certamen, como era típico desde época helenística, tenían un lugar de honor los sacerdotes del culto imperial[313], formando parte de los *agonothetai*, lo cual permite rastrear la continuidad de la significación política de este tipo de *certamina*.

[306] CALDELLI (1993), p. 11.
[307] POHLENZ (1962), p. 575-580; HUIZINGA (1973), p. 60.
[308] MORETTI (1977), p. 491-499.
[309] MOMIGLIANO (1980), p. 14-24.
[310] CALDELLI (1993), p. 38, n. 165.
[311] CALDELLI (1993), p. 21-24.
[312] CALDELLI (1993), p. 24-28.
[313] CALDELLI (1993), p. 27.

En Neapolis serán creados, paralelamente, los *Italika Romaia Sebasta Isolympia*, conocidos como *Sebasta*[314]. En éstos tendrá un gran peso, igualmente, el culto imperial, como indica el propio nombre y la celebración, en el contexto del agón, de una *pompe eis to Kaisareion*. Este edificio, que no ha sido identificado arqueológicamente hasta la fecha, estaría vinculado, con toda seguridad, a la actividad constructiva de época augustea en la ciudad[315].

Si bien los tres agones serán fundados en el mismo periodo, se pueden detectar diferencias entre los *ludi pro ualetudine Caesaris* y los *Actia* y *Sebasta*. El principal elemento de divergencia es el lugar de celebración de dichos agones. Mientras que los *Actia* y *Sebatsa* se celebraban en la propia Grecia y en Campania, área especialmente helenizada, los *ludi pro ualetudine Caesaris* se crearán en Roma, donde, como ya hemos dicho antes, existía cierto rechazo por parte de los sectores tradicionales hacia la agonística griega. De este modo, mientras los *Actia* y *Sebasta* arraigarán perfectamente y llegarán a perdurar hasta época tardía, en el caso de los *Actia* como mínimo hasta mitad del siglo III d.C[316] y de los *Sebasta* incluso hasta el siglo IV[317], los *ludi pro ualetudine Caesaris*, por su dependencia de la imposición estatal y su vinculación directa con la figura de Augusto, no continuarán tras la muerte del *princeps*[318], aún sembrando un precedente que retomarán algunos de sus sucesores.

Después de Augusto se llevaron a cabo diversos espectáculos con características agonales, pero sin ser realmente agones, ya que consistían en pruebas concretas insertadas dentro de los espectáculos típicos de los tradicionales *ludi*[319], como había pasado durante el periodo tardorepublicano. Entre ellos cabría destacar los celebrados por Calígula en el 38 y 39[320] y los llevados a cabo por Claudio en el 44[321]. Debemos esperar hasta época de Nerón para encontrar la instauración de un nuevo agón en Roma, los Neronia, precedente directo del *agon Capitolinus*.

La primera edición de los *Neronia* se celebró en el año 60 d.C., como documentan tanto la numismática[322] como las fuentes[323], estando estrechamente relacionados con la figura del emperador, tal y como indica el propio nombre del certamen. Dión Casio, por su parte, afirma que los juegos

[314] CALDELLI (1993), p. 28-37.
[315] BALDASSARRE (1985), p. 131.
[316] *SEG* XXXVII, 512.
[317] *CIL* X, 1487.
[318] BOWERSOCK (1965), p. 83-84; CAVALLARO (1984), p. 178.
[319] CALDELLI (1993), p. 37.
[320] CASS. DIO 59, 9 y 13.
[321] CASS. DIO 60, 23.
[322] BMC I *Nero* 259 = RIC 92.
[323] TAC., *Ann.* 14, 20, 1; SUET., *Nero* 12, 3.

estaban dedicados a la preservación y continuidad del poder de Nerón[324], con lo que la continuidad de la relación entre el culto al gobernante y la institución agonal se mantiene también en este nuevo *certamen*. Fue instituido como un agón quinquenal[325] en forma de *certamen triplex*, es decir, respetando la tradicional división en *agon musicus, gymnicus* y *equestris*[326]. Si bien la documentación conservada no nos da muchos datos sobre el desarrollo de las pruebas, sabemos que durante el *agon musicus* serían frecuentes las *laudes principis*, siendo un tema recurrente que llevaría a Lucano a vencer en dicha prueba[327].

De un nuevo problema de fuentes derivan las dudas sobre el lugar en el que se llevaban a cabo cada uno de los espectáculos de los *Neronia*, debido a la mencionada inexistencia de estructuras previas destinadas a albergar este tipo de celebraciones. Si bien sabemos que se planteó, ya en época de Nerón, el debate de los grandes gastos que suponía la construcción de edificios temporales a la hora de albergar a grandes multitudes durante las celebraciones[328], no tenemos constancia de que este programa constructivo se llevase a cabo.

Las propuestas de identificación de las sedes de las diferentes pruebas son, sin embargo, múltiples. Al hablar del *agon gymnicus*, la mayoría de los investigadores se apartan de la identificación de su lugar de celebración con la Saepta, ofrecida por Suetonio[329], y se decantan por su ubicación en el gimnasio construido en el Campo de Marte junto a las termas de Nerón[330], lo cual lo enlazaría, además, con el *agon Capitolinus*, ya que el estadio de Domiciano se situaba, precisamente, sobre los restos de dicho gimnasio[331]. El *agon musicus* se celebraría, más que probablemente, en el cercano teatro de Pompeyo[332], mientras que la principal hipótesis para la identificación del *agon equestris* lo sitúa en el *circus Gai et Neronis*, a pesar de que no hay pruebas claras al respecto[333].

Sabemos que la presidencia estaba ocupada por consulares[334], los cuales cumplían la función de *agonothetai*, siendo ellos los que entregaban los premios a los vencedores. A éstos les era entregada una corona[335], de la cual no

324 CASS. DIO 62, 21.

325 TAC., *Ann.* 14, 20, 1; SUET., *Nero* 12, 3; CASS. DIO 62, 21 y BMC I *Nero* 259 = RIC 92.

326 SUET., *Nero* 12, 3.

327 AHL (1976), p. 37; AURBION (1990), p. 202.

328 TAC., *Ann.* 14, 20-21; CAVALLARO (1984), p. 54.

329 SUET., *Nero* 12, 3.

330 SUET., *Nero* 12, 3; CASS. DIO 62, 21.

331 CALDELLI (1993), p. 39.

332 CAVALLARO (1984), p. 55-57.

333 WISSOWA (1902), p. 465, n. 2.

334 SUET., *Nero* 12, 3; 21, 3, *Vit.* 4.

335 SUET., *Nero* 12, 3; CASS. DIO 62, 21.

se conoce, con total certeza, el material del que estaba hecha[336]. Algunos autores, a través de unas lucernas procedentes de Roma y Ostia, relacionadas aparentemente con los *Neronia*, parecen indicar que el premio consistiría en coronas de rosas[337]. Sería esta corona, ganada en el *agon musicus*[338], la que Nerón colocó a los pies de la estatua de Augusto, en un gesto de *pietas* hacia el fundador de la dinastía[339] y, probablemente, en homenaje al introductor de las celebraciones agonales en Roma a través de los *ludi pro ualetudine Caesaris*[340], inmediatos predecesores de los *Neronia*.

Respecto a su pervivencia, tal y como había ocurrido con los *ludi pro ualetudine Caesaris*, los *Neronia* no sobrevivieron a su creador, conociéndose solo una edición más[341], del 64 o el 65 d.C., a parte de la fundacional[342]. A pesar de su corto recorrido, debido a la estrecha identificación entre los *Neronia* y el emperador y a su inadecuación ideológica al contexto político derivado de las guerras civiles del año 69 d.C., los *Neronia* son el precedente más claro del *agon Capitolinus*, ya que suponen, sin lugar a dudas, el primer caso de introducción de un agón en sentido estricto en Roma.

Como ya hemos mencionado, la dinastía Flavia no instituirá ningún *agon* hasta el año 86, fecha en la que se lleva a cabo la primera edición del *agon Capitolinus*. Dicha datación la conocemos, además de fuentes como Suetonio[343] o Censorino[344], a través de la epigrafía[345], conservándose inscripciones realizadas por participantes de la primera edición en los cuales se especifica el año en el cual se celebra.

A pesar de la seguridad de la datación de su institución, debemos enfrentarnos a la ausencia de fuentes coetáneas a la celebración del *agon* que nos den información sobre el mismo, escribiendo Suetonio su biografía de Domiciano en el 120 d.C. [346]y Censorino su *De die natali* en el 238 d.C.[347] El hecho de que ambas fuentes prescindan de mencionar el uso de fuentes del periodo[348], junto con la poca información que aportan las actas de los Arvales

336 CALDELLI (1993), p. 40.
337 GUARDUCCI (1982), p. 112-113; GUARDUCCI (1986), p. 303.
338 SUET., *Nero* 12, 3.
339 PICARD (1962), p. 220.
340 CALDELLI (1993), p. 43.
341 TAC., *Ann.* 16, 2-6; SUET., *Nero* 21, 1-2.
342 CAVALLARO (1984), p. 62, n. 88-89.
343 SUET., *Dom.* 4,8.
344 CENS., *De die nat.*18, 15.
345 *CIG* II, 2682, *IG* XIV 746 = *CIG* III, 5806, el cual ha sido identificado con el atleta mencionado en MART. 6, 77, y *SEG* XXXIV, 1314-1317 = *BE* 1987, 93.
346 GASCOU, (1984), p. 254, n. 2.
347 ROCCA-SERRA (1980), p. V, n. 2.
348 CALDELLI (1993), p. 55.

del año 86 d.C.[349], los *Fasti Ostienses*[350]o la numismática[351], provoca que no haya demasiada información al respecto.

No sabemos con exactitud el periodo del año en el cual se celebraba. En los *Fasti Ostienses* del año 146 d.C.[352] se recoge la indicación de que el *agon Capitolinus* terminaba el 10 de junio, no dando una fecha clara de inicio. El epígrafe parece indicar que comenzaba en el mes de mayo, fecha descartada, sin embargo, por la excesiva duración que implicaría para el *certamen*. La interpretación más lógica, por lo tanto, es que el fragmento haga referencia al momento en el que se anunciaba la celebración del mismo y no al inicio de las competiciones. A pesar de que el epígrafe no pertenece a las primeras ediciones del *agon*, los investigadores se decantan por aceptar tales fechas como válidas para la edición del 86 d.C., debido al hecho de que éstas permitirían insertar el *agon Capitolinus* dentro del círculo internacional de agones y al conservadurismo religioso romano, que habría mantenido el mismo periodo de celebración desde la fundación del *certamen*[353].

La periodicidad del *agon Capitolinus* era pentetérica, tal y como estableció Domiciano en el momento de su fundación[354] y siguiendo, al igual que sus predecesores, los *ludi pro ualetudine Caesaris*[355], los *Actia*[356], los *Sebasta*[357]y los *Neronia*[358], el modelo olímpico[359]. Además de la teoría tradicional, que indica la elección de esta periodicidad debido al desfase calendarial derivado de la irregularidad del año solar, que imponía la creación de un día suplementario cada cuatro años, destaca la coincidencia con la celebración del *lustrum* romano[360]. El hecho de que al *agon Capitolinus* se le denomine en la epigrafía y en la literatura como *lustrum certaminis*[361] señala que dicha coincidencia podía ser intencional. Según autores como Censorino[362], el *lustrum* había venido siendo celebrado con anterioridad de forma irregular, funcionando el *agon Capitolino* como un elemento estabilizador de esta ceremonia, celebrada con motivo de la finalización del censo[363]. El hecho de

349 *CIL* VI, 2046.

350 *I. It.* XIII, 1, fram. XIII, p. 177 y 192-193.

351 Scott (1936), p. 176; Bolton (1948), p. 88; Morawiecki (1977), p. 186; Caldelli (1993), p. 55, n. 13.

352 *AÉ* 1946, 204.

353 Caldelli (1993), p. 58.

354 *IG* XIV, 747 rr. 8-12.

355 Aug., *RGDA* 9, 1; Cass. Dio 51, 19, 2.

356 Strab. 7, 7, 6; Suet., *Aug.* 18. 2; Cass. Dio 51, 1, 1-3.

357 Strab. 5, 4, 7; Suet., *Aug.* 98.

358 Tac., *Ann.* 14, 20; Suet., *Nero* 12, 3; Cass. Dio 62, 21.

359 Caldelli (1993), p. 59, n. 24.

360 Pieri (1968), p. 95-96.

361 *CIL* VI, 33976 y IX, 2860.

362 Cens., *De die nat.* 18, 14.

363 Cens., *De die nat.* 18, 11-15.

que Domiciano se nombrase a sí mismo *censor perpetuus*[364]a finales del 85[365], es decir, justo un año antes de la fundación del *agon Capitolinus*, parece indicar en la misma dirección.

La capital importancia del *agon Capitolinus* dentro de la ideología imperial domicianea dejará una profunda huella en la geografía de la *urbs*, debido al amplio programa arquitectónico desarrollado por el emperador para dotar a Roma de sedes definitivas para la celebración de este *certamen* dedicado a Júpiter. Como ya hemos mencionado antes, una de las características de la ciudad que mejor reflejaba la no adopción inmediata de las celebraciones agonales de origen griego es, sin duda alguna, la ausencia de estructuras permanentes destinadas a albergarlas precisamente hasta época de Domiciano.Si bien ya en época de Nerón se llegó a la conclusión de que, por motivos económicos, era necesaria la construcción de nuevos edificios especializados destinados a acoger al público asistente a este tipo de competiciones, no se dotará a la ciudad de tal infraestructura hasta el gobierno último de los emperadores Flavios. Los agones *musicus, equestris* y *gymnicus* podrán celebrarse, a partir de la erección de estos edificios, en estructuras especialmente diseñadas para acogerlos[366].

No es de extrañar el hecho de que gran parte de dichos edificios se construyeran en el Campo de Marte, al haber sido esta zona la más afectada por el incendio del año 80, el cual, ardiendo por 3 días consecutivos, destruiría incluso el templo de Júpiter Capitolino. Este espacio albergará algunas de las principales estructuras destinadas a la autorepresentación de Domiciano, como puede ser la ya mencionada *Porticus Diuorum*. Es en estecontexto en el cual debemos encuadrar la elección del Campo de Marte como espacio de celebración del *agon Capitolinus* y de erección de una serie de edificios que tendrán un impacto en la topografía ciudadana hasta nuestros días.

Lo más probable es que el *agon musicus* se celebrase en el *Odeon*, un gran auditorio situado en el Campo de Marte[367], en las cercanías de la actual piazza Navona y exactamente bajo el Palazzo Massimo alle Colonne[368]. A pesar de ser una estructura de gran tamaño y monumentalidad, con capacidad para más de 10.000 espectadores[369], solo ha llegado hasta nuestros días una de las columnas del edificio original[370]. Este *Odeon* sería la sede oficial del *agon musicus* pero, más que probablemente, compartiría esta función con el cercano teatro de Pompeyo, reconstruido igualmente en época domicianea[371] debido a

364 Buttrey (1975), p. 29.
365 *BMC* II *Dom.* 361-367 y *CIL* VI, 2064.
366 Caldelli (1993), p. 68.
367 Suet., *Dom.* 5, 2; Eus., *Chron.* 2, 160-161.
368 Coarelli (1980), p. 301 s; Buzzeti (1989), p. 27-30.
369 Caldelli (1993), p. 68.
370 Caldelli (1993), p.68.
371 Cass. Dio 66, 24.

su destrucción durante el incendio[372]. El hecho de que Herodiano, haciendo referencia a la edición del año 182[373] del *agon Capitolinus*, mencione el teatro de Pompeyo como una de las sedes del mismo parece reforzar dicha opinión.

Parece ser que, al igual que en el caso de los *Neronia*, uno de los principales temas utilizados por los autores durante la competición eran las loas al emperador[374], reforzando el vínculo legitimador entre éste y el agón. Sinembargo, como no podía ser de otra maneradentro de una celebración dedicada a la principal deidad del panteón romano, el grueso de las alabanzas iban dirigidas a Júpiter Óptimo Máximo[375].

El *agon equestris* se llevaría a cabo, seguramente, en el Circo Máximo. Esta estructura, erigida en época monárquica, concretamente por Tarquinio Prisco, según la tradición[376], fue ampliada y restaurada varias veces a lo largo de los siglos, conociéndose varias fases de época republicana y augustea antes de la intervención domicianea[377]. Habiendo sido afectado el edificio por un incendio ocurrido ya bajo su mandato[378], y habiendo quedado pequeño para el gran número de asistentes que allí se congregaban durante los espectáculos, Domiciano decide llevar a cabo una ampliación del mismo. Dicha remodelación no sería concluida, debido a su gran calado, hasta época de Trajano[379], durante cuyo gobierno la estructura alcanzará un aforo de 250.000 espectadores, una longitud de 600 metros de largo y una anchura de 180 metros, correspondiéndose con los restos aún supervivientes[380].

El Circo Máximo consistía en tres órdenes de arcadas de tamaño decreciente con una *cauea* interna con los pisos superiores construidos en madera[381]. En el extremo plano se hallaban 12 *carceres*, flanqueando la puerta de la *pompa circensis*, que se alineaba a su vez, dentro del eje marcado por la *spina*, con el arco triunfal dedicado por Domiciano a Tito en el 81[382]. La *spina*, por su parte, estaba profusamente decorada con estatuaria y rematada, en sus dos extremos, por las dos *metae*[383].

Debe destacarse que una de las principales diferencias del *agon Capitolinus* respecto a sus modelos griegos es, sin duda alguna, la participación durante el

372 COARELLI (1980), p. 290.

373 HEROD. 1, 9, 2-3.

374 PLIN., *Pan.* 54. 1.

375 QUINT., *Inst. Or.* 3, 7, 4.

376 LIV. 1, 35, 8.

377 PLIN., *NH.* 36, 102; SUET., *Iul.* 39, 2; CASS. DIO 43, 23, 3.

378 SUET., *Dom.* 5, 2.

379 PLIN., *Pan.* 51, 3-5.

380 CIANCIO ROSSETTO (1979), p. 78; CIANCIO ROSSETTO (1986), p. 42; HUMPHREY (1986), p. 102-106.

381 CALDELLI (1993), p. 80.

382 *CIL* VI, 944.

383 CIANCIO ROSSETTO (1979), p. 78-81; CIANCIO ROSSETTO (1986), p. 39-46; HUMPHREY (1986), p. 56-131.

*agon equestris* de las *factiones*, tradicionalmente relacionadas con los *ludi circenses* romanos. Dos epígrafes dedicados por M. Aurelius Liber [384] y P. Aelius Gutta Calpurnianus[385], que recogen su pertenencia a la *factio Prasina* y a la *factio Veneta* respectivamente, son la principal fuente para llegar a tal afirmación. No se ha documentado, sin embargo, la participación de las célebres *factiones* púrpura y dorada introducidas por Domiciano en el 84, lo cual no es de extrañar dada su poca aceptación y temprana desaparición[386].

Por último, el *agon gymnicus* tenía lugar en el estadio de Domiciano. Situado en el Campo de Marte[387], exactamente bajo la piazza Navona[388], que incluso a día de hoy conserva la forma del edificio domicianeo, se trataría de la sede más característica del *agon Capitolinus*. El mismo emplazamiento había sido elegido con anterioridad para la erección de los teatros de madera de César[389] y Augusto[390] y, más que probablemente, para la creación de un pequeño estadio bajo el gobierno de Nerón[391], el cual formaría parte del gimnasio y el complejo termal[392] erigidos por dicho emperador.

El edificio tuvo una larga vida útil, siendo restaurado por Severo Alejandro en el 228 d.C.[393] y considerándose aún hacia el 357 como una de las principales maravillas de la ciudad[394]. Su estructura la conocemos, además de por los abundantes restos arqueológicos conservados *in situ*, por un *aureus* de Septimio Severo, en la cual se nos muestra el edificio[395].

Ésta era similar a la del circo, constando de dos lados paralelos largos rematados por una cabecera semicircular y otro extremo recto pero ligeramente oblicuo[396]. El edificio, compuesto de dos órdenes de arcadas con semicolumnas jónicas en la primera planta y corintias en la segunda, estaba profusamente decorado con estatuaria. Dentro de dicho programa escultórico habría que incluir al famoso *Pasquino*[397], un mutilado conjunto de Menelao y Patroclo conservado en las cercanías y que procede, con total seguridad, del estadio de Domiciano. Tenía una capacidad de unos 30.000 espectadores, con

[384] *CIL* VII, 10058.
[385] *CIL* VI, 10047
[386] MART. 14, 55, 2; SUET., *Dom.* 7, 1; CASS. DIO 67, 4, 4.
[387] SUET., *Dom.* 5, 2; EUS., *Chron.* 2, p. 160-161.
[388] COLINI (1978), p. 1-17.
[389] SUET., *Iul.* 39, 3-4.
[390] CASS. DIO 53, 1, 5.
[391] SUET., *Nero* 12, 3; CASS. DIO 62, 21, 1.
[392] COLINI (1943), p. 21-24.
[393] *Hist. Aug.*, *Seu. Alex.* 24.
[394] AMM. 16, 10,14.
[395] *RIC* IV, *Sept. Seu.*, 260.
[396] CALDELLI (1993), p. 83.
[397] VIRGILI (1987), p. 76-78.

unas medidas de 275 metros de longitud y 106 metros de anchura, llegando a alcanzar una altura de 18,5 metros[398].

Al estar situado en la capital del Imperio, y debido al gran impulso dado por parte del propio emperador al *agon Capitolinus*, no debe extrañar el hecho de que se convirtiese en una de las principales celebraciones agonales dentro del circuito anual. Además de ser el agón más prestigioso de Occidente[399], debido, entre otras cosas, al honor que suponía el hecho de que el propio emperador presidiese personalmente el evento[400], su posición dentro de los *curricula* de los participantes conservados en la epigrafía no dejan dudas al respecto. El *agon Capitolinus* es recogido en una gran mayoría de los casos como el primero en importancia, solo siendo precedido, en epígrafes concretos, por los *Olympia* de Pisa o por aquellos que formaban parte del *archaia periodos*[401].

Otro de los elementos que nos hablan de la importancia del *agon Capitolinus*, dentro del ciclo anual de agones, es la diversa procedencia de los participantes que, a pesar de llegar mayoritariamente de la parte oriental del imperio, destaca por su variedad. Una de las explicaciones para tal poder de atracción sería la concesión de ciudadanía romana a los ganadores de los *certamina*[402].Este premio era otorgado personalmente por el emperador, siendo típico que los vencedores asumiesen el *praenomen* y el *nomen*del gobernante bajo el cual fueron coronados como vencedores, como sabemos a través de la epigrafía[403]. Se da el caso de que los vencedores que ya disponían de la ciudadanía antes de su victoria en el agón también adoptaban el nombre del emperador, ya que el apelativo, en la práctica, se convertía en un título honorífico[404].

Otro de los premios era la corona de roble, conocida a través de las fuentes[405] y la iconografía[406] y entregada por el emperador en persona en calidad de *agonotheta*[407]. La corona de roble, al estar realizada con las hojas del árbol sagrado de Júpiter[408], se convierte, por su evidente vinculación con la divinida a la que el *certamen* estaba dedicado, en el principal símbolo del mismo. Esta cercanía física respecto al emperador, que coronaba personalmente a los vencedores, no debe ser descartada cuando analizamos la

398 Colini (1943), p. 21-22; Coarelli (1980), p. 300-301.

399 Caldelli (1993), p. 53.

400 Suet., *Dom.* 4. 10.

401 Como recoge Caldelli en su completo catálogo de participantes. Caldelli (1993), p. 53, n. 3.

402 De Ruggiero (1921), p. 154 s; Alföldy (1966), p. 35-37; Jacques / Scheid (1990), p. 217.

403 Caldelli (1993), p. 93.

404 De Ruggiero (1921), p. 156.

405 Stat., *Silu.* 5, 3, 231; Mart. 4, 1, 6; 4, 54, 1-2.

406 *IG*, XIV, 1111.

407 Stat., *Silu.* 4, 2, 62; Mart. 4, 1, 6; 9, 3, 8; 101, 22.

408 Riesco (1993), p. 246-257.

importancia otorgada a dicha competición. También se daba al vencedor una cantidad de dinero establecida[409], la palma, el derecho a la *eiselasis*[410], es decir, a la entrada triunfal en su ciudad de origen a su regreso[411], y los *obsonia*, consistentes en concesiones alimentarias[412].

No es de extrañar, por tanto, que ante la fama del *agon Capitolinus* y su consolidación como una de las principales competiciones agonales del imperio, derivada del gran impulso ejercido por parte del propio emperador a la hora de su creación, este *certamen* se convirtiese en uno de los principales escenarios de la legitimación religiosa del poder del gobernante, el cual mostraba, a través de dicha celebración, el especial vínculo que lo unía con Júpiter Óptimo Máximo. La ideología imperial domicianea se materializa en el *agon Capitolino*, que se transformará en la celebración performativa de la elección por parte de Júpiter, deidad a la cual estaba dedicada la celebración, de la dinastía Flavia y, en especial, de Domiciano.

Por ello es tan relevante la información que, sobre la celebración de la primera edición del agón Capitolino y, sobre todo, de la composición de su presidencia, ha llegado hasta nosotros. Creemos necesario, por su importancia para el presente estudio, recoger aquí la cita de Suetonio, mencionada más arriba, completa:

> *Certamini praesedit crepidatus purpureaque amictus toga Graecanica, capite gestans coronam auream cum effigie Iouis ac Iunonis Mineruaque, adsidentibus Diali sacerdote et collegio Flauialium pari habitu, nisi quod illorum coronis inerat et ipsius imago*[413].

Momigliano ve en esta cita la expresa relación entre el *flamen Dialis* y el culto imperial en época de Domiciano, la clave para comprender por qué no aparece ningún *flamen* de los *sodales Flauiales Titiales*[414]. Efectivamente, como bien señaló en su día, sería lógico pensar que, en este contexto, debía ser nombrado expresamente el *flamen* de los *diui* flavios pero, sin embargo, aparece en su lugar el *flamen Dialis*, vestido exactamente igual que los *sodales Flauiales Titiales* y que el emperador, y en una situación de honor en los nuevos juegos instituidos por Domiciano.

Lo que no señala Momigliano es la importancia de que el sacerdote de Júpiter muestre sobre su cabeza una corona de oro con la imagen del

[409] CALDELLI (1993), p. 105.

[410] CALDELLI (1993), p. 107.

[411] PLEKET (1975), p. 62.

[412] PLIN., *Ep.* 10, 118-119; CASS. DIO 52, 30.

[413] Domiciano, que presidió el certamen, calzaba sandalias, vestía una toga de púrpura a la griega y tocaba su cabeza con una corona de oro con la efigie de Júpiter, Juno y Minerva. Tomaban asiento a su lado el flamen de Júpiter, el colegio Flavial, vestidos como él, con la sola diferencia de que en sus coronas figuraba la imagen de Domiciano (trad. MARIANO BASSOLS DE CLIMENT).

[414] MOMIGLIANO (1975), p. 662-663.

emperador junto a las de la tríada capitolina. El detalle, aunque pequeño, es clave para la identificación del *flamen* de Júpiter con el culto imperial. El uso de la corona de oro en relación con el culto al monarca puede retrotraerse al periodo helenístico, siendo atestada en el caso del reino Seleúcida y en el Egipto ptolemaico[415]. Continuando las costumbres locales, la corona de oro con efigies del emperador se convertirá en el tocado típico de los sacerdotes dedicados al culto a los *diui* imperiales en las provincias orientales, y se irá imponiendo lentamente, a partir de su aparente procedencia original griega, por todo el Occidente romano[416].

Muestras de su uso son los relatos de Epicteto[417], Tertuliano[418] o la historia de Tecla[419]. No serán poco frecuentes, tampoco, en la iconografía, conociéndose estatuas de sacerdotes con coronas de este tipo, como es el caso de la estatua de un sacerdote hoy conservada en el Louvre[420], o un *diptychon* que muestra unos sacerdotes de culto imperial presidiendo unos juegos[421]. Se han conservado incluso fragmentos de coronas relacionadas con el culto imperial y representaciones numismáticas de las mismas[422].

A pesar de que la expansión de esta costumbre se dará en época tardoimperial, hay que tener en cuenta que el atuendo de Domiciano, además de obviamente jupiterino[423], es de influencia claramente griega, tanto en la elección del calzado como en la del tipo de toga, al igual que el propio Agón, que toma como modelo los festivales griegos[424]. No debería extrañar, por lo tanto, que el atributo de culto imperial elegido para sus sacerdotes fuese también de origen griego, y más teniendo en cuenta el gusto por el orientalismo y filohelenismo del propio Domiciano[425].

Sin embargo, debe señalarse un problema que no ha sido generalmente considerado por la investigación: las interdicciones del *flamen Dialis* que podrían entrar en directa contradicción con el texto de Suetonio. Según la tradición, el *flamen* de Júpiter no podría quitarse bajo ningún concepto el *galerus*, símbolo de su vínculo continuo con la divinidad, al aire libre[426], lo cual dificultaría en grado sumo un acto tan prosaico como la colocación de una corona de oro sobre su cabeza.

415 Fishwick (1991), p. 477.
416 Fishwick (2004), p. 225-227.
417 Epic. 1,19, 26-29.
418 Tert., *De idolol.* 18.1.
419 *Hechos de San Pablo y Tecla,* VII, 5.
420 Fishwick (1991), pl. LXXXVb.
421 Fishwick (1991), pl. LXXXVIa-b.
422 Fishwick (1991), p. 477.
423 Gradel (2002), p. 34-35.
424 Caldelli (1993), p. 59.
425 Luke (2010), p. 88-89.
426 Marco Simón (1996), p. 117-118.

Aún así, el del *galerus* no es un problema de difícil solución, ya que la *corona aurea* pudo colocarse sobre el mismo o, en su defecto, directamente sobre su cabeza, ya que estando el palco imperial probablemente cubierto por alguna especie de techumbre dicha interdicción podía ser esquivada[427]. Del mismo modo, a través de la hipótesis de Vanggaard[428] de que la prohibición de quitarse el *galerus* no se aplicaba fuera del *pomerium,* el *dialis* podría haber prescindido de su tocado por la ubicación del estadio de Domiciano fuera de dicha línea ritual.

Más difícil sería esquivar una de las principales interdicciones del sacerdote jupiterino: la de no establecer ningún tipo de vínculo de dependencia respecto a otro hombre[429], que sería totalmente pasada por alto al llevar la efigie del emperador en la *corona aurea.* El *flamen Dialis*, al actuar en la cita de Suetonio como sacerdote del culto imperial flavio, y estableciendo con ello una evidente relación de inferioridad respecto al propio Domiciano, está transgrediendo una de las principales prohibiciones del sacerdocio.

Si bien esta interdicción no tiene una solución tan evidente u obvia como la anterior, podría haber sido perfectamente esquivada. Debe tenerse en cuenta que el emperador, en su calidad de *Pontifex Maximus*, era el encargado de establecer, mantener o manipular las interdicciones del *Dialis*[430], al igual que era el que decidía, en última instancia, quien sería nombrado para dicho cargo sacerdotal[431]. En este sentido de utilización de Domiciano de su calidad de *Pontifex Maximus* para vulnerar las interdicciones de un *Dialis* puede interpretarse la noticia transmitida por Plutarco[432] de la concesión por parte de dicho emperador del divorcio a un *flamen Dialis*, lo cual hasta entonces había sido una interdicción total vinculada con el matrimonio por *confarreatio* propio de este sacerdocio. Es más, tuvo que ser una medida puntual directamente impuesta por el emperador, ya que seguiría estando prohibido en época del propio Plutarco[433].

Nos encontramos, por tanto, con que la presencia del *Dialis* en el Agón Capitolino en los términos descritos por Suetonio muestra, claramente, la relación de éstecon el culto imperial. Dicha relación entre los *sodales* y el *flamen Dialis* se enmarcaría perfectamente en la política de exaltación legitimadora que tenderá, según algunos autores[434], de la elección divina a una identificación progresiva entre el emperador y Júpiter. Cabría preguntarse, sin embargo, si el hecho de que Domiciano también porte una corona, en su caso

427 MARCO SIMÓN (1996), p. 118.
428 VANGGAARD (1988), p. 93.
429 MARCO SIMÓN (1996), p. 89-91.
430 MARCO SIMÓN (1996), p. 119.
431 MASIER (2009), p. 92.
432 PLUT., *Quaest. Rom.* 50.
433 MARCO SIMÓN (1996), p. 142.
434 FEARS (1977), p. 223, 249-252; FEARS (1981), p. 77.

con la tríada capitolina, no podría indicarnos que, en vez de una identificación directa con la divinidad, el emperador esté mostrando su estatus relativo respecto al resto de los mortales[435], situándose, como intermediario entre los dioses y los hombres electopor la divinidad, en una posición intermedia y sin llegar, por tanto, a identificarse con Júpiter, su superior.

La presencia del principal sacerdote de Júpiter en un festival eminentemente jupiterino, en el cual hasta las coronas de los vencedores estaban realizadas de hojas de roble para enfatizar la relación con la deidad[436], y la vinculación del mismo con el emperador, muestran una clara intencionalidad legitimadora por parte de Domiciano, siendo una de las representaciones más claras de la ideología imperial domicianea. Tal es así que tras la caída de Domiciano las fuentes no vuelven a mencionar al *flamen Dialis* o a los *sodales Flauiales Titiales* en relación con el Agón Capitolino que, sin embargo, perdurará hasta el siglo IV[437], con una presidencia distinta y una carga ideológica adaptada a las necesidades de las posteriores dinastías.

### 3.3. LA *LEX NARBONENSIS* Y EL *FLAMEN DIALIS*.

Otro de los principales recursos para investigar el papel de los *sodales Flauiales Titiales* en Roma y su relación con el *flamen Dialis* es ver la relación que desarrollan las corporaciones sacerdotales provinciales y locales respecto a sus *flamines*. De este modo, lo que se nos niega en Roma por falta de fuentes puede ser deducido, en parte, a partir de los testimonios conservados en otras partes del imperio.

Una de las principales fuentes para el conocimiento del culto flavio en el occidente romano es, sin ningún género de dudas, la *lex de flamonio prouinciae Narbonensis*[438]. Esta *lex* inscrita en una placa de broncefue hallada en 1888 en el fondo de una piscina situada en un emplazamiento identificado con el santuario provincial de culto imperial de Narbona. Se han conservado 30 líneas inscritas, a pesar de la pérdida del principio, la parte derecha y el final del texto. Hoy día se conserva en el Museo del Louvre. En ellas se recogen tres normas sobre el cargo de *flamen*, una sobre el *concilium* provincial y otra sobre temas económicos, aunque se deduce del texto conservado que al principio del epígrafe debían figurar la elección del *flamen*, los ritos que debía llevar a cabo y los privilegios y exenciones de los que disfrutaba[439].

435 GRADEL (2002), p. 34-35; 148-149, 370.
436 CALDELLI (1993), p. 106-107.
437 CALDELLI (1993), p. 112-113.
438 *CIL* XII, 6038 = *ILS* 6964.
439 FISHWICK (2002), p. 3.

Entre las lagunas del texto se encuentra la mención al emperador bajo cuyo gobierno la ley fue inscrita, lo cual ha llevado a cierto debate. La principal fuente de datación es un epígrafe ateniense[440] en honor de Trebelio Rufo, primer flamen provincial que desempeñó el arcontado de Atenas entre el 85/86 y el 95/96[441]. Se le erigieron estatuas con sus decretos honoríficos y con una carta enviada de la Narbonenese a la *Boulé* ateniense[442], en la que confirman su condición de "nuestro primer sumo sacerdote", tallados en las basas[443]. Al no existir ningún colegio en el que pudiese ser el primero en rango, debía ser, por fuerza, el primero en ostentar el cargo sacerdotal, convirtiéndose, por tanto, en el *flamen* al cual hace referencia la *lex Narbonensis*[444] y limitando la misma, por tanto, a época flavia.

Debido a que en las líneas conservadas que hacen referencia al emperador éstees nombrado como *imperatoris Caes[aris*[445] e *imperator [Caesar*[446],los únicos candidatos posibles para la datación son Vespasiano o Domiciano, ya que dicha titulatura no se usaba desde tiempos de Augusto y Tito se hace llamar *Imp. Titus Caesar Vespasianus Aug.* o *Imp. Titus Vespasianus Caesar Aug*[447]. Fishwick, al igual que otros antes que él, se decanta por datar la creación del flaminado provincial en época de Vespasiano, basándose en la titulatura y en la política provincial general propia de los inicios de la época flavia, pero reconociendo a su vez, la carencia de evidencias internas[448].

Por nuestra parte defendemos, al igual que otros autores[449], su datación en época domicianea. Marco Simón afirma que la preocupación de Domiciano por su imagen y su propagación por todo el Imperio, y, con ello, la asunción del emperador de los poderes del senado, casan con el contenido de la *lex*. Igualmente, la *ordinatio* del texto en la línea 13 permite restituir *Domitianus* tras *Imperator Caesar*, mientras que *Vespasianus*, al tener una letra más, no cabría[450]. Del mismo modo, la condición ecuestre de Trebelio Rufo sería la más beneficiada de la política domicianea[451].

Nosotros debemos añadir que la indicación en el epígrafe de la disposición de fondos del *flamen* para la erección de *statu]as imaginesue imperatoris Caes[aris*, en las cuales se incluiría no solo al emperador vivo, sino también a

440 *IG* II$^2$ 4193
441 Graindor (1922), p. 93-95; Oliver (1942), p. 83.
442 *AÉ* 1947, 69.
443 Fishwick (2002), p. 99.
444 Fishwick (2002), p. 100-101.
445 *CIL* XII, 6038, lin. 26-27.
446 *CIL* XII, 6038, lin. 13.
447 Gayraud (1981), p. 398, n. 152.
448 Gayraud (1981), p. 390; Williamson (1987), p. 173-189; Fishwick (2002), p. 105.
449 Pailler (1989), p. 177; Goudineau (1998), p. 276; Marco Simón (2004), p. 418.
450 Marco Simón (2004), p. 418.
451 Pailler (1988), p. 104.

sus predecesores divinizados[452], y que, además, es posible que tuvieran que ser colocadas dentro del templo de culto imperial[453], indican que sería Domiciano el que, en un intento de apropiarse del capital ideológico de su padre y su hermano divinizados, trataría de representarse junto a sus predecesores. Difícilmente Vespasiano, que había llegado al poder como usurpador y eliminó de manera sistemática las referencias legitimadoras de la anterior dinastía, querría vincularse, en un templo de culto imperial, a unos predecesores con los que no comparte lazos de sangre.

Es más, como ya hemos mencionado más arriba, la colocación de las estatuas de *diuus Vespasianus, diuus Titus* y Domiciano en un mismo espacio no era extraña dentro de la política propagandística domicianea. Tanto nuestra hipótesis de identificación de la estructura tetrástila de la *Porticus Diuorum* con una estatua de Domiciano, como la identificación de Torelli[454] del *Templum Gentis Flauiae* en la moneda BMC II *Dom.* 406*[455], en la cual se observan claramente tres estatuas sobre altares, o la interpretación de Sánchez[456] de los altares de Brescia hallados por Gabelmann y los altares emeritenses del monumento de Santa Eulalia parecen indicar en dicha dirección. Pensamos, por tanto, que la disposición de presupuesto para la colocación de las estatuas de la casa imperial recogida en la *lex Narbonensis* hace referencia a este proceso típicamente domicianeo, dando una nueva prueba interna para su datación en época del último emperador flavio.

Pero tan importante como la datación es su contenido. Los privilegios e interdicciones que se recogen para el *flamen Augustalis* y la *flaminica* son sorprendentemente parecidos a los tradicionalmente ligados al *flamen Dialis*. El *flamen* narbonense tenía derecho a opinar y votar en el consejo local de Narbona y en la asamblea provincial, a usar la toga de borde purpurado o a sacrificar en determinados días, además de tener derecho a lictores y a asistir en primera fila a los juegos. Estas características son muy similares a las mencionadas por Aulo Gelio[457] en referencia al *flamen Dialis*, como son sus privilegios de ser escoltado por un lictor[458], vestir la *praetexta*, acudir a las reuniones del senado y utilizar la *sella curulis*[459].

Del mismo modo le ocurrirá a la *flaminica*, la cual debe ir vestida con ropas blancas o rojas, no jurará contra su voluntad ni podrá entrar en el lugar de la pira o la tumba de un hombre que haya sido cremado. Todas ellas son también

452 Fishwick (2002), p. 344.
453 Gayraud (1981), p. 409.
454 Torelli (1987), p. 564-567.
455 Img. 7.
456 Sánchez (2000), p. 348-350.
457 Gell. 10, 15.
458 Ovid., *Fast.* 2, 23; Plut., *Quaest. Rom.* 113; Paul. 93, 9.
459 Liv. 1, 20, 2; 27, 8, 8; Plut., *Quaest. Rom.* 113.

propias de la *flaminica Dialis* en Roma, que no podía jurar[460] ni entrar en contacto con la muerte[461] y debía vestir con el *flammeum* rojo[462]. El *flamen* y la *flaminica* narbonense tendrían cometidos compartidos en cuanto al culto[463], como también ocurriría en el caso del *flamen* y la *flaminica Dialis*[464].

Nos encontramos, por tanto, con una cantidad de similitudes difícilmente achacables a la mera coincidencia. El flaminado provincial narbonense está claramente basado tanto en sus privilegios como en sus atributos e interdicciones en los propios de la pareja flaminal en la capital del imperio. Debe tenerse en cuenta que la *lex de flamonio prouinciae Narbonensis* es, claramente, una *lex data*, técnicamente una *constitutio*[465]. Se entiende que este conjunto de regulaciones serían una imposición del gobierno central, lo más probable del propio emperador, que tendría un interés claramente perfilado en dar un diseño tan cercano al *flamen Dialis* a los *flamines* provinciales de culto imperial.

Domiciano impone en la esfera provincial y local un modelo de culto que, con toda probabilidad, era reflejo de aquel desarrollado de manera sistemática en Roma. El cambio respecto a la época Julio-Claudia, en el que el culto imperial surgía de forma espontánea, es evidente, ya que se impone una centralización de la organización del culto para que éste responda a un programa ideológico concreto. La imitación del *flamen Dialis* por parte de los *flamines* de culto imperial provincialen este contexto podría responder, con bastante probabilidad, a un reflejo del papel del *Dialis* dentro de los *sodales Flauiales Titiales* estales[466], apoyando, por tanto, la interpretación del principal sacerdote de Júpiter como coordinador y organizador de los *sodales* flavios.

### 3.4. Templos de los *divi* flavios y el *flamen Dialis*: una relación iconográfica.

Si es interesante estudiar la normativa y actividades de los *sodales* y las apariciones públicas del *Dialis* en relación con ellos, no será menos interesante el analizar la iconografía utilizada en el momento de la erección de los templos donde el culto a los *diui* flavios se llevaría a cabo. La relación entre qué símbolos, objetos o temáticas son recogidos en estos relieves monumentales y las actividades realizadas en los edificios a los cuales sirven de ornamento es, claramente, intencionada y buscada. La elección de determinados tipos frente a

460 Gell. 10, 15, 5.
461 Gell. 10, 15, 24-25.
462 Gell. 10, 15, 28; Serv., *Ad Aen.* 4, 137; 12, 602; Paul. 89.
463 Marco Simón (2004), p. 419.
464 Marco Simón (1996), p. 151-159.
465 Williamson (1987), p. 175.
466 Marco Simón (2004), p. 420-421.

otros, como también ocurre en el caso de la numismática, indican qué mensaje quería trasmitir el poder mediante la construcción de dicho edificio. Nos encontramos, por tanto, ante la petrificación de una estructura ideológica legitimizadora que, si bien en ocasiones no parece evidente en una primera instancia, permite al investigador adentrarse en la propaganda de la época.

Comenzaremos, en primer lugar, por analizar las decoraciones escultóricas conservadas en la propia ciudad de Roma, es decir, los pertenecientes al templo de *diuus Vespasianus* en el foro, la *Porticus Diuorum* y el *Templum Gentis Flauiae,* con la intención de averiguar qué papel desempeñaban dentro de la ideología flavia y, concretamente, domicianea. Si bien ya los hemos tratado, de una manera superficial, a la hora de hablar sobre la problemática de la identificación del culto imperial domicianeo con un culto grupal a la *gens*, rupturista con la tradición Julio-Claudia, o un culto personalista continuista, procedemos ahora a un análisis más pormenorizado de los mismos.

Uno de los puntos clave de nuestro análisis es el templo del *diuus Vespasianus* en el foro romano. Como ya hemos mencionado más arriba, el *Templum diui Vespasiani* fue colocado en la esquina noroeste del Foro, a los pies del Capitolio y aledaño al templo de la Concordia, al pórtico de los *Dei Consenti* y al *cliuus Capitolinus*, encontrándose su parte posterior enfrentada directamente al *Tabularium.* La elección del lugar no es, ni mucho menos, baladí, ya que invade el espacio templar republicano respetado desde época augustea, quizá buscando una relación visual y espacial con el Capitolio, al cual la dinastía flavia se había visto especialmente vinculado desde su advenimiento al poder[467]. Tanto el asedio de los vitelianos a los flavianos, con la consecuente muerte de Sabino y salvación milagrosa de Domiciano, por intercesión del propio Júpiter[468], como la restauración del Capitolio por parte de Vespasiano tras el incendio provocado durante dicho combate[469], marcan hitos de primera magnitud en el ascenso de Vespasiano al poder y en el mantenimiento de su legitimidad como elegido de la principal deidad del panteón romano.

Fue iniciado tras la muerte de Vespasiano por su hijo Tito, pero fue completado solo bajo el gobierno de Domiciano. Así parece indicarlo el hecho de que únicamente será mencionado por los hermanos Arvales ya en el 87[470], lo cual a su vez explicaría por qué las fuentes tardías atribuyen a Domiciano[471], sin ningún género de dudas, su construcción.

Su realización, sin embargo, estaría muy avanzada a la muerte de Tito, ya que las monedas que muestran la colocación de la estatua de Vespasiano en su

[467] COARELLI (2009), p. 75.
[468] TAC., *Hist.* 3, 71; SUET., *Vit.* 15; *Dom.* 1, 4.
[469] SUET., *Vesp.* 8, 5; 9, 1.
[470] *CIL* VI, 2065, 51-52.
[471] *Chronogr. a. 354*, XIV, Regio VIII.

templo del foro, en la cual se nos muestra su figura, inspirada claramente en un Júpiter sedente[472], transportada en un carro tirado por elefantes[473], muestran ya la que se ha considerado como la inscripción primitiva que ostentaría el templo: *Diuo Aug(usto) Vesp(asiano) SPQR*[474]. Esta inscripción permanecería invariable en época de Domiciano, estando dicho templo, exclusivamente, dedicado al *diuus Vespasianus*, tal y como defiende De Angeli en relación a la imposibilidad estructural de albergar dos estatuas de culto[475], y siendo su atribución a *diuus Vespasianus* y *diuus Titus* evidentemente tardía, ya que la inscripción de la restauración bajo los Severos también muestra la dedicación única a Vespasiano[476]. Además, la única estatua que se ha identificado en relación a este templo representa a Vespasiano, siendo conservada en el Museo de Nápoles y habiendo pertenecido a la colección Farnese, familia que llevó a cabo excavaciones en el lugar en el siglo XVI[477].

Lo más interesante para nuestro estudio es, sin ninguna duda, la decoración escultórica figurativa que decoraba su friso. Ésta estaba compuesta por diversos instrumentos sacrificiales y bucráneos que ligaban directamente el templo con el culto imperial[478], como se ha documentado, igualmente, a escala provincial en época Flavia, siendo uno de los casos paradigmáticos el de Tarraco[479]. Así, en el relieve conservado *in situ* en el foro, al igual que en la reconstrucción decimonónica conservada en el *Tabularium* que recoge los fragmentos de las excavaciones de 1823[480], podemos observar el *urceus*, el *aspergillum*, la *patera* y el *galerus*, todos ellos *instrumenta sacra* típicos de las representaciones del emperador como ejemplo de *pietas* hacia sus predecesores divinizados ya desde época de Augusto[481].

Sin embargo, el *galerus* representado en el friso del templo de *diuus Vespasianus* tiene una característica particular que lo diferencia de otros monumentos públicos en los que se presentan los *instrumenta sacra* ligados al culto imperial. Sobre el mismo se aprecia perfectamente, tal y como pudimos observar mediante el estudio *in situ* del relieve, un *fulmen* alado que ocupa la parte central de la decoración del *galerus*, adornado también con una corona de olivo, rosetas de cinco pétalos y lunas[482]. El hecho de que se elija esta decoración concreta a la hora de esculpir un *galerus* destinado a un templo de

[472] COARELLI (2009), p. 77.
[473] RIC II *Titus*, 257.
[474] SUESS (2011), p. 112.
[475] DE ANGELI (1992), p. 160-163.
[476] *CIL* VI, 938.
[477] COARELLI (2009), p. 77.
[478] Img. 9.
[479] DUPRÉ I RAVENTÓS (1990), p. 319-324; KOPPEL (1990), p. 327-339.
[480] DE ANGELI (1992), p. 110.
[481] FISHWICK (1991), p. 476; DE ANGELI (1992), p. 144-145.
[482] Img. 10.

culto imperial no es, ni mucho menos, aleatorio. Las representaciones normales de este tocado sacerdotal muestran una ligera decoración con coronas, pero prácticamente nunca un *fulmen*.

Tal y como ya observó De Angeli[483], nos encontramos ante la representación iconográfica, prácticamente excepcional por otro lado, del denominado *albogalerus*. Dicho tocado, realizado con la piel blanca de un toro sacrificado a Júpiter, se sujetaba con dos tiras de cuero bajo el mentón, llamadas *offendices*, y tenía en su extremo superior, como en el resto de *galeri* flaminales, el *apex*, formado a su vez por una rama de olivo, la *uirga*, envuelta en un hilo de lana,el *apiculum*[484].Era el símbolo más característico y exclusivo del *flamen Dialis*[485],que, al menos en época temprana, jamás podía quitárselo debido al peligro que, para la *pax deorum*, podía representar la separación del sacerdote de su principal vínculo simbólico con la divinidad[486].

Nos encontramos, por tanto, ante una prueba de primer orden de que la tesis de Momigliano sobre el sacerdote de Júpiter como partícipe del culto imperial flavio tiene muchos visos de ser cierta. La representación buscada de un *albogalerus* en el principal templo de culto a *diuus Vespasianus*, como ya hemos dicho relacionado espacialmente a su vez con el Capitolio, muestra que éste tuvo un papel relevante dentro del culto imperial de época de Domiciano. Es muy difícil defender una mera coincidencia a la hora de realizar el relieve, ya que por motivos económicos y técnicos hubiese sido mucho más sencillo mantener la representación estilizada del *galerus* predominante en la iconografía romana. La fuerza del *albogalerus* como símbolo inequívoco del *flamen Dialis*, por tanto, mostraría parte del entramado ideológico desarrollado durante el gobierno de Domiciano, que tendrá en Júpiter su protector directo y una de las fuentes más fuertes de legitimidad, a la vez que aporta verosimilitud a la crónica de Suetonio de la inauguración del Agón Capitolino.

Sin embargo, no será ésta la única ocasión en la que encontremos a un *flamen Dialis* en relación con un templo de culto imperial en Roma. Uno de los edificios más característicos del culto imperial domicianeo, como es el *Templum Gentis Flauiae*, podría haber incluido a dicho sacerdote en su programa escultórico.

Como ya hemos mencionado antes, este templo fue erigido por Domiciano en el último tramo de su gobierno sobre su lugar de nacimiento[487] en el Quirinal. El templo, dedicado a los *diui Flauios*, había sido localizado tradicionalmente en el actual barrio de *Al Melograno*[488], debido a dos epígrafes

[483] MARCO SIMÓN (1996), p. 146-147.
[484] LIV. 26, 23, 8; VAL. MAX. 1, 1, 4; PLUT., *Marc.* 5; FEST. 205.
[485] SIEBERT (1999), p. 120.
[486] MARCO SIMÓN (1996), p. 74-75.
[487] SUET., *Dom.* 1, 5, 15; TORELLI (1987), p. 564-569; LA ROCCA (2009), p. 225.
[488] COARELLI (1995b), p. 368-369; GRADEL (2002), p. 323; BOYLE (2003), p. 13.

hallados en la zona[489] y una cita de Tácito[490]. A día de hoy, sin embargo, se ha identificado, con bastante buen criterio desde nuestro punto de vista, con la inmensa estructura tardodomicianea aparecida en la actual *piazza della Repubblica*[491]situada, a su vez, sobre un edificio de época Julio-Claudia, identificado con la casa de Vespasiano en la que nació el último de los Flavios[492]. La aparición en el siglo XIX, durante unas obras en dicha plaza, de los famosos relieves Hartwig[493] y una cabeza monumental de Tito[494], datados todos ellos en época domicianea, parecen indicar en la misma dirección.

Para la materia que estamos tratando en este momento resultan de un especial interés los mencionados relieves Hartwig. En ellos han aparecido una cabeza de *diuus Vespasianus*, tocado con una corona de roble, una cabeza de toro, un soldado, un *flamen* y un joven, que han sido interpretados como parte de un *aduentus* y de una escena de sacrificio[495].En concreto, la figura del *flamen* reviste un especial interés para nuestro estudio[496]. Ésta ha sido identificada, por Torelli, como el *flamen Quirinalis*, debido a su representación frente al templo dedicado a dicha divinidad[497]. El reconocimiento del *flamen Quirinalis* en la figura mencionada nos resulta aventurada, ya que, debido a la cercanía del templo de Quirino al nuevo templo erigido por Domiciano, éste podía estar representado junto con más edificios prominentes cercanos al *Templum Gentis Flauiae*, como venía siendo tradicional en la iconografía romana, y no como indicación del cargo concreto del *flamen* representado.

Por nuestra parte, y teniendo en cuenta lo expuesto más arriba en relación con el *Templum Diui Vespasiani* del foro, proponemos una identificación distinta. Inspeccionada la pieza de forma directa en el museo,no pudimos sino fijarnos en un detalle hasta ahora pasado por alto: la presencia, a la altura de la nuca del *flamen* de un elemento identificado con un instrumento de culto indeterminado[498]. Estableciendo una comparación con monumentos como el *ara Pacis*, en la que la intención del escultor es la de enfatizar la identidad del *flamen Dialis* respecto al resto de *flamines*, a través de los atributos que caracterizan al principal sacerdote de Júpiter, debemos afirmar que dicho objeto, no identificado por otros autores, debe tratarse del *commoetaculum*.

[489] *CIL* VI, 29788 y *CIL* XV, 7451.
[490] TAC., *Hist.* 3, 69.
[491] LA ROCCA (2009), p. 224-225
[492] COARELLI (2009), p. 94.
[493] COARELLI (1995b), p. 368.
[494] LA ROCCA (2009), p., 224-225.
[495] KOEPPEL (1980), p. 14-29; HAECKL (1996b), p. 28-29.
[496] Img. 8.
[497] TORELLI (1987), p. 569; PARIS (1994), p. 79.
[498] PARIS (2009), p. 465.

Este instrumento, una vara sagrada utilizada por el*flamen Dialis* para apartar a la multitud de su paso sin necesidad de tocarla[499], preservándose del evidente riesgo para la conservación de su pureza y sacralidad, es exclusivo, al igual que el *albogalerus*, del sacerdote jupiterino[500]. Así, la representación de esta vara en el *ara Pacis*[501] y en el relieve Hartwig deriva de la intencionalidad del escultor de identificar sin lugar a dudas al *flamen Dialis* frente al resto de *flamines*. La presencia del *flamen Dialis* en esta escena, interpretada como el sacrificio celebrado con motivo de la fundación del nuevo *Templum Gentis Flauiae*, sería perfectamente coherente y lógica si tenemos en cuenta la relación del sacerdote de Júpiter con el culto imperial flavio, ya confirmada tanto por la iconografía del *Templum diui Vespasiani* del foro como por la presencia del *Dialis* en la inauguración del Agón Capitolino en los términos que presenta la narración de Suetonio.

Podemos hipotetizar, por lo tanto, la posibilidad de que en el mismo conjunto escultórico del *Templum Gentis Flauiae* al que pertenece el *flamen Dialis* también estuviese representado el colegio de culto imperial flavio, los *sodales Flauiales Titiales* objeto de nuestro estudio. Sería lógico pensar que, en el momento de la inauguración de un nuevo templo dedicado a todos los *diui* de la *gens*, dentro de un programa monumental de exaltación de la legitimidad dinástica flavia, estuviesen presentes los miembros del colegio encargado de atender las necesidades sacrales de los *diui* Flavios[502]. Esta visión encajaría en las reconstrucciones de la imagen representada en los relieves ofrecidas hasta la fecha[503]. En caso de confirmarse nuestra hipótesis, a través del hallazgo de nuevos fragmentos o reinterpretación de los ya conocidos, podríamos encontrarnos ante una prueba fehaciente del papel del *Dialis* dentro de la *sodalitas* flavia.

## 3.5. LA *GENS FLAVIA* COMO ELEGIDA DE JÚPITER: CONTEXTUALIZACIÓN DEL CULTO IMPERIAL DENTRO DE LA PROPAGANDA FLAVIA.

Es fundamental para nuestro estudio el enmarcar esta supuesta relación del *flamen Dialis* con el culto imperial domicianeo dentro del marco ideológico y propagandístico en el que dicho vínculo fue creado, aunque sea de una forma sucinta. La especial predilección de Domiciano por Júpiter Óptimo Máximo, heredada directamente del papel preponderante que esta divinidad había ejercido ya desde época de su padre, el cual legitimó su poder, tomado por las

499 FEST. 56, 64.
500 MARCO SIMÓN (1996), p. 74-75.
501 SIEBERT (1999), p. 123.
502 PARIS(1994), p. 77, n. 14.
503 MARCONI (1994), p. 84-92, p. 90.

armas, a través de la elección divina, hace comprender mejor la profundidad de la elección del principal sacerdote de Júpiter como coordinador de las actividades de los *sodales Flauiales Titiales*. De esta manera, Domiciano no solo exaltó a Júpiter a través del Agón Capitolino o con el nombramiento del *flamen Dialis* como rector de la *sodalitas* flavia, que ya hemos analizado en profundidad más arriba, sino que llegará a convertir a la principal deidad del panteón romano en el eje sobre el que gira toda su política de legitimación ideológica y, con ello, propagandística.

Cuando analizamos la creación y evolución de la justificación religiosa del poder en el periodo flavio, no podemos obviar el contexto sociopolítico que vio nacer el poder de dicha dinastía. Las guerras civiles del año 69, denominado Año de los Cuatro Emperadores, marcarán, indeleblemente, las fuentes de la legitimidad imperial. El suicidio de Nerón, último representante del poder de la dinastía fundada por Augusto, rompe abruptamente el papel capital de la pertenencia a una *gens* concreta dentro del ascenso al poder imperial, que había sido una constante a lo largo del periodo Julio-Claudio.

Si bien la elección y apoyo por parte de las legiones se convertirá, indudablemente, en la principal baza de los diferentes aspirantes a la dignidad imperial, Galba, Otón, Vitelio y Vespasiano, la mera fuerza de las armas sobre ciudadanos romanos no será suficiente para justificar ideológicamente su poder. Una vez vencidos todos sus contrincantes Vespasiano deberá afrontar una tarea más compleja que la toma del poder, su mantenimiento y perpetuación a través de una sólida estructura de legitimación ideológica. Debido a su total carencia de lazos con la dinastía Julio-Claudia, Vespasiano centrará su programa de justificación del poder en la elección directa de la divinidad, teniendo un papel especialmente preponderante Júpiter Óptimo Máximo.

Ya en el propio año 69 se hará notar esta predilección por parte de la principal divinidad del panteón romano respecto a Vespasiano y sus hijos. Las fuentes que nos hablan sobre el Año de los Cuatro Emperadores nos lo presentan como un periodo de profunda inestabilidad, tanto a nivel político como religioso. La situación de miedo, que llevarían a una credulidad exaltada por parte de la población[504], propiciará una interpretación religiosa de la catástrofe. Tácito llega a afirmar que *lo que en tiempos de paz se atribuía a la casualidad o a la naturaleza, se llamaba ahora destino o cólera diuina*[505].

No nos debe extrañar, por tanto, que ante el desastroso panorama que nos presentan las fuentes, y debido a los intereses políticos de los diferentes contendientes, llegue a considerarse la cadena de catástrofes acaecidas en el 69 como la señal evidente de la ruptura de la *pax deorum*, de la correcta relación entre mortales y dioses, debido a la *impietas* de los usurpadores de la dignidad

[504] SHATZMAN (1974), p. 556.
[505] TAC., *Hist.* 4, 26.

imperial[506]. La destrucción y las desgracias sufridas por el pueblo romano se desvían de los intereses terrenales de los diferentes candidatos a la dignidad imperial tras el vacío de poder generado tras la muerte de Nerón y se convierten en un castigo divino. Así parecen confirmarlo las fuentes, que llegan a afirmar que *lo cierto es que nunca antes se había probado con desgracias más atroces para el pueblo romano ni señales más precisas que no es misión de los dioses nuestra seguridad, sino nuestro castigo*[507].

La labor de Vespasiano a la hora de afianzar ideológicamente un poder conseguido mediante la fuerza consistirá, por lo tanto, en presentarse como el elegido de la divinidad para restaurar la *pax deorum* perdida a través de la expiación del comportamiento de sus predecesores. La denigración del adversario político a través de la acusación de *impietas* hacia su persona, culpabilizándolo así del sufrimiento del pueblo romano, y la proliferación de diversos *omina imperii* y *prodigia* que muestran el apoyo de la divinidad hacia el fundador de la dinastía Flavia llegarán, en este contexto, a suplantar la legitimidad dinástica predominante hasta la fecha. Así, si bien este modelo de elección divina del gobernante ya había sido utilizado con éxito con anterioridad por parte de Augusto[508], el ascenso de Vespasiano supondrá un cambio de la justificación del poder político respecto a sus inmediatos precedentes que marcará, claramente, la política ideológica de sus dos hijos.

Cuando analizamos este proceso se debe hablar, sin lugar a dudas, del incendio del templo de Júpiter Óptimo Máximo en diciembre del 69. Su destrucción y reconstrucción se convierten en un elemento clave no solo en la propaganda política de Vespasiano, sino en la justificación del poder político de sus hijos. Así, la destrucción del templo mostrará la *impietas* de Vitelio mientras que convierte a Vespasiano en el perfecto restaurador de la *pax deorum* elegido y ascendido por la divinidad[509].

Encontrándose Vespasiano aún en Oriente y las tropas de Antonio Primo, tras la derrota de las tropas vitelianas en la segunda batalla de Bedriaco, disponiéndose a tomar Roma, Sabino, hermano mayor de Vespasiano, consigue que Vitelio ceda la dignidad imperial. La presión de los seguidores de Vitelio, sin embargo, supondrá una violación de dicho pacto, siendo atacados los flavianos, incluido el propio Sabino, cerca del estanque Fundanio. En ese momento, los flavianos, tras hacer llamar a Domiciano y sintiéndose amenazados, se atrincheran en el Capitolio. A lo largo de los diversos ataques realizados por los vitelianos llegarán, incluso, a bloquear las puertas del área Capitolina destruyendo las estatuas allí erigidas.

[506] MORGAN (2000), p. 29.
[507] TAC., *Hist.* 1, 3.
[508] ESCÁMEZ (2013), p. 951-972.
[509] VIGOURT (2001), p. 199-200.

Debido a la resistencia de los sitiados, los vitelianos comienzan a trepar por los altos edificios de *insulae* que rodeaban al Capitolio, alcanzando, de este modo, una altura equivalente a la de los defensores y permitiendo hostigar con proyectiles a los flavianos. En un momento concreto del combate comienzan a lanzarse teas entre sitiadores y sitiados, unos con intención de incendiar las *insulae* y despejarlas, de este modo, de enemigos, y otros para obligar a los flavianos a abandonar el Capitolio. Una de las antorchas, no se sabe con seguridad de qué bando, prende el templo de Júpiter que, ante los ojos impotentes de ambos bandos contendientes, arde hasta los cimientos[510]. Las llamas marcan el fin de la resistencia flaviana. En medio de la desbandada Sabino es capturado, ejecutado y expuesto en las *Gemonias*. Domiciano, con ayuda del *aedituus* del templo de Júpiter, consigue esconderse antes de huir disfrazado de sacerdote de Isis[511].

Este incendio será mostrado en las fuentes como la peor de las catástrofes acaecidas al pueblo romano, no solo en el año 69 sino en toda su historia. Tácito llega a afirmar que era *lo más funesto y siniestro que había sucedido al Estado del pueblo romano*[512].Los druidas, en palabras del autor latino, llegarían a afirmar que la destrucción del templo supondría el fin de la supremacía romana[513]. Si bien se ha visto en tal noticia un deseo por parte de Tácito de vincular, en cierto modo, la destrucción del templo de Júpiter con la revuelta de Civilis o, incluso, un rumor iniciado en Roma inmediatamente después del incendio, y no una verdadera profecía de origen druídico, ésta nos da una idea de la profunda amenaza que, para la continuidad del estado, suponía este incendio.

Es curioso que no tengamos claro, a partir de lo afirmado por las fuentes, qué bando fue el que incendió el templo. Suetonio, al igual que otras fuentes, no duda en culpar a los vitelianos del incendio del templo de Júpiter[514]. No solo afirma quelos vitelianos incendiaron voluntariamente el templo en su afán por desalojar a los flavianos del Capitolio, sino que muestra a Vitelio dándose un festín en la *domus Tiberiana* mientras contempla como las llamas consumen el más sagrado de los templos romanos[515]. Teniendo en cuenta que la acusación al adversario de ser un incendiario de templos era utilizada con frecuencia para descalificar, a través de la *impietas*, al rival político ya desde época republicana[516] y a lo ventajosa que, para los flavianos, resultaba esta

510 TAC., *Hist.* 3, 71.
511 WISEMAN (1978), p. 172-174.
512 TAC., *Hist.* 3, 72.
513 ZECCHINI (2002), p. 122-124; THEIN (2014), p. 314.
514 JOS., *BJ* 4, 649; PLIN., *NH* 34, 38; CASS. DIO 65, 17, 3.
515 SUET., *Vit.* 15, 3.
516 PINA (2002), p. 62-63.

autoría del incendio, parece bastante evidente que la versión ofrecida por Suetonio se corresponde, *grosso modo*, a la "versión oficial" flavia[517].

Frente a esta versión nos encontramos la ofrecida por Tácito, el cual no solo duda sobre la autoría del incendio sino que da a entender, con toda seguridad de forma intencional, que fueron los flavianos, y no los vitelianos, los responsables de quemar el templo de Júpiter Óptimo Máximo. Literalmente afirma: *Y aquí hay dudas sobre si fueron los asaltantes los que prendieron fuego a los tejados o si, como cree la mayoría, lo hicieron los asediados para impedir su avance y desalojarlos*[518]. El hecho de que utilice la expresión *crebior fama* ya es significativo de por sí, ya que nos da una idea de la fuente en la que supuestamente se basa Tácito para afirmar la autoría flaviana del incendio: el rumor. Además, el hecho de que afirme que era un rumor muy extendido hace entender al lector que tenía muchos visos de verosimilitud. Tácito, como muy bien detectó Shatzman, utiliza el rumor para explicar el comportamiento de la gente, la "opinión pública" de un determinado momento histórico, a la vez que, de manera en cierto modo subrepticia, intenta imponer al lector una opinión o interpretación determinada de los hechos[519].

De esta manera, podemos encontrarnos con que Tácito recoge, simplemente, rumores que, efectivamente, circularon en Roma inmediatamente después del incendio o, más probablemente, la opinión imperante en el momento de redacción de sus *Historiae*, entre el 107 y el 109, es decir, bajo el gobierno de Trajano[520]. Esta última hipótesis no resultaría nada extraña teniendo en cuenta el énfasis de la propaganda de época de Trajano en diferenciarse, completamente, de la figura de Domiciano y en el alejamiento de Tácito respecto a la dinastía Flavia tras el asesinato de éste, que implicaría la exposición de una imagen muy negativa de la anterior dinastía en sus obras[521]. El hecho de que Domiciano hubiese basado gran parte de su legitimidad en los sucesos acaecidos durante el denominado *bellum Capitolinum*[522], haría que la ideología trajanea intentase, de algún modo, culpabilizar al propio Domiciano del incendio del templo, eliminando de un plumazo la legitimidad derivada de la presencia de Domiciano en la defensa del Capitolio durante el asalto viteliano y su milagrosa huída.

Fuese cual fuese el verdadero autor del incendio del templo de Júpiter, la restauración del mismo se convierte en la perfecta muestra de la llegada al poder de un emperador ungido por la divinidad y predestinado, por la misma, a

517 BARZANÒ (1993), p. 269.
518 TAC., *Hist.* 3, 71: *hic ambigitur, ignem tectis obpugnatores iniecerint, an obsessi, quae crebrior fama, dum nitentis ac progressos depellunt.*
519 SHATZMAN (1974), p. 550-555.
520 Como sabemos a través de PLIN., *Ep.* 6, 16 y 7, 33, 1. SAGE (1990), p. 859-864.
521 SYME (1958), p. 209-210.
522 BARZANÒ (1982), p. 11-20.

la restauración de la *pax deorum* perdida[523]. En la primera reunión del Senado tras el incendio, con Vespasiano aún en Oriente y Domiciano como representante de su padre, se aprueba la inmediata restauración del Capitolio[524]. Si bien Vespasiano no llegaría a Roma hasta meses después, los ritos de purificación del templo se llevarán a cabo el 21 de junio del 70[525]. Los harúspices dan las indicaciones precisas para llevar a cabo este ritual, presentado prácticamente como una restitución de la *pax deorum*, y para la reconstrucción del templo, el cual, para contentar a los dioses, debía conservar su planta original, aún permitiéndose que el nuevo templo superase en altura al antiguo. El hecho de que sea este colegio sacerdotal el que lleve a cabo las indicaciones precisas de los rituales, implica que el incendio se considera, oficialmente, un *prodigium*, al ser este grupo de sacerdotes el encargado, tradicionalmente, de interpretar y expiar aquellos fenómenos considerados como señal de la voluntad directa de la divinidad[526].

Los restos del antiguo templo fueron retirados y arrumbados en las marismas. El día de la ceremonia el recinto sagrado fue delimitado con guirnaldas y cintas, llevándose a cabo el ritual de aspersión de agua de manantiales y ríos por parte de soldados con nombres propicios y *felicibus ramis* junto con las Vestales, acompañadas a su vez por niños y niñas con sus dos progenitores vivos. Después, Helvidio Prisco, pretor, y Plaucio Eliano, *pontifex maximus*, realizaron una *suouetaurilia* en honor a la tríada Capitolina y lanzaron a los cimientos, con la colaboración del resto de asistentes, la roca ceremonial junto con piezas de oro, plata y otros metales sin acuñar.

A pesar de que ya se había llevado a cabo el rito de purificación con anterioridad al *aduentus* de Vespasiano, se esperará a la llegada de éste para la reconstrucción material del templo. Así, Suetonio[527] afirma que será el propio emperador el primero en llevar espuertas de material durante las restantes tareas de desescombro, en un gesto claramente propagandístico de implicación directa del gobernante en la reconstrucción del templo y, con ello, en la restitución de la *pax deorum*.

Igualmente, se erigirá un *sacellum* en honor a *Iouis Custos* en el lugar donde se encontraba la casa del *aedituus*, en la cual se refugió Domiciano en el momento del asalto viteliano. En el mismo, se hallaba un altar de mármol en el cual se representaba el rescate de Domiciano por parte de Júpiter, siendo llevado el más joven de los hijos de Vespasiano en brazos de la propia divinidad[528]. Más adelante, ya bajo el gobierno del propio Domiciano, y probablemente debido a los daños sufridos por el *sacellum* con motivo del

523 FEARS (1977), p. 192; FEARS (1981), p. 74-75; REQUENA (2001), p. 38-39.
524 TAC., *Hist.* 6, 4.
525 TAC., *Hist.* 6, 53.
526 MONTERO (1991), p. 5.
527 SUET., *Vesp.* 8, 5.
528 RICHARDSON (1992), p. 218; JACOBO PÉREZ (2003), p. 90; ARATA (2010), p. 139.

incendio del año 80, se erigirá, en el mismo lugar, un templo a Iuppiter Conservator.

Tal será la importancia del templo de Júpiter Óptimo Máximo, que éste será representado, de forma recurrente, en la numismática del periodo[529]. El hecho de que los tipos de las monedas fuesen diseñados, probablemente, por un equipo bajo las ordenes del propio emperador[530] y de que la moneda, al pasar de mano en mano, permitía, de este modo, la difusión entre una miríada de receptores de un mensaje iconográfico dado[531], parecen señalar la ya mencionada importancia del templo capitolino, y de la divinidad al que ésteestaba dedicado, al utilizarse uno de los más potentes medios de difusión propagandística de la época para recalcar el papel del emperador en la reconstrucción del mismo.

Sin embargo, no será el único tipo monetario dedicado a Júpiter. Serán igualmente importantes las emisiones de monedas dedicadas a *Iouis Custos*[532]. Si bien se ha señalado, debido a su iconografía similar, que Vespasiano simplemente estaría retomando modelos iconográficos de época Julio-Claudia, ya que incluso en época de Nerón no eran poco frecuentes las monedas dedicadas a *Iuppiter Custos* y dicha advocación siempre había estado relacionada con la protección física del emperador, se deben destacar algunas características contextuales plenamente flavias.

Lo primero que diferencia el *Iouis Custos* de Vespasiano del *Iuppiter Custos* neroniano es, evidentemente, la terminología. En un intento de alejarse del último de los Julio-Claudios, Vespasiano opta por este cambio de denominación[533]. De todos modos, no se debe obviar el hecho de que en los años 75 y 76, fecha en la que se expide este tipo monetal, se dan varios complots contra el emperador, tal y como relata Suetonio[534], y que, por tanto, el papel de *Iouis Custos* tendría una significación similar al *Iuppiter Custos* de época de Nerón.

Por otro lado, debe destacarse la relación entre este tipo monetal y el *sacellum* erigido en el punto en el que precedentemente se erigía la residencia del *aedituus* del templo de Júpiter. El hecho de que la denominación de la moneda coincida prácticamente con el del *sacellum* podrían indicarnos que este tipo monetal redundaría en el énfasis del papel protector de Júpiter respecto a Domiciano, y por extensión a la dinastía Flavia, con motivo del asedio viteliano del Capitolio.

Dentro de este contexto debe interpretarse, igualmente la representación del águila en la amonedación de Vespasiano. El águila, como mensajera de

[529] BMC II *Vesp.* 721.
[530] LEVICK (1982), p. 107.
[531] CHARLESWORTH (1937), p. 110-114; WEST (1949), p. 19.
[532] BMC II *Vesp.* 276.
[533] JACOBO PÉREZ (2003), p. 90-93.
[534] SUET., *Vesp.* 25.

Júpiter, es una de los principales atributos de esta divinidad[535]. Su asunción por parte del poder imperial había venido siendo paulatina desde época de Augusto, estando bien asentada como uno de los símbolos del emperador para la segunda mitad del siglo I. Uno de los tipos presentes en las acuñaciones de época de Vespasiano será el de un águila portando un orbe en sus garras[536]. Teniendo en cuenta que la posesión del orbe tenía un claro significado dentro de la iconografía imperial, la posesión por parte del emperador del poder político sobre la *oikumene*, nos encontramos que es Júpiter, a través de su mensajera, el águila, la que otorga a Vespasiano el poder supremo sobre el imperio.

Igualmente, es fundamental detenerse en los diferentes presagios que marcarán el advenimiento al poder de Vespasiano. Los *prodigia* se transforman, con el paso del tiempo, en hechos simbólicos con una carga ideológica concreta y perfectamente reconocible gracias a su reiteración. Así, ante el recuerdo de sucesos similares acaecidos en un pasado idealizado cargado de prestigio, se establece una relación de causalidad entre tipos concretos de presagio y el acontecimiento al que precede, es decir, entre el fenómeno considerado como muestra directa de la voluntad divina y el deseo concreto de la divinidad. En palabras de Vigourt *la répétition des présages est le dessin d'un destin, ou du moins la suggestion d'une destinée*[537].

Evidentemente la coincidencia no es casual, sino una elección voluntaria y cargada de significado por parte del gobernante, el cual se presenta vinculado no solo a un destino concreto impuesto por la voluntad divina, sino también a los personajes de renombre que ya recibieron *prodigia* similares en el pasado. Del mismo modo que la imitación de tipos monetales o representaciones iconográficas, con su debida reinterpretación para adaptarse a los nuevos intereses ideológicos de cada gobernante, será una constante a lo largo del imperio, los *prodigia*, como vehículos de comunicación política, serán igualmente retomados y resignificados por los gobernantes romanos. De esta manera, los *omina imperii*, los *prodigia* o los *ostenta* conforman una fuente capital para la comprensión del programa legitimador del gobernante.

No es de extrañar, por tanto, el hecho de que donde más evidente es el papel de Júpiter como elector último de la dinastía Flavia en época de Vespasiano es en los *omina imperii* del emperador. El hecho de que las fuentes recojan un amplio número de *prodigia* en relación al ascenso a la dignidad imperial por parte de Vespasiano nos habla, sin ninguna duda, de la ya mencionada carencia de un lazo familiar con la dinastía Julio-Claudia, que obligó al fundador de la dinastía Flavia a desarrollar otras vías de legitimación del poder conseguido por las armas.

535 MONTERO (2006), p. 49.
536 BMC II *Vesp.* 822.
537 VIGOURT (2001), p. 97.

Estas historias de carácter religioso eran, con seguridad, reconstrucciones a posteriori de la biografía del emperador, el cual se mostraba como el elegido por la divinidad desde el mismo momento de su nacimiento[538]. Esa al menos parece ser la opinión de Tácito, que no duda en afirmar que *las señales y oráculos con que el destino manifestaba su oculto designio de reservar el imperio para Vespasiano y sus descendientes no resultaron creíbles hasta que el desenlace les dio la razón*[539]. Es más que probable que esta manipulación fuese perfectamente detectada por las clases altas[540], a las que pertenecía Tácito. A pesar de ello, la elección de los temas y las deidades implicadas en los *omina imperii* nos dan, como ya hemos dicho, una información inestimable sobre el programa de justificación religiosa del poder político desarrollado por Vespasiano.

El más relevante para nuestro estudio, sin duda, es uno de los *omina* ofrecido por Suetonio[541]: *También en Roma corrían presagios de boca en boca: que Nerón, en sus últimos días, había sido advertido por un sueño de que sacase la carroza sagrada de Júpiter Óptimo Máximo del santuario donde se guardaba y la trasladara a casa de Vespasiano y de allí al Circo.* Dión Casio[542] recoge, igualmente, este *omen,* lo cual nos da una idea de la relevancia del mismo dentro de la propaganda de época flavia.

El hecho de que el último de los Julio-Claudios sea el encargado de entregar las riendas de la *thensa* de Júpiter por indicación de la propia divinidad no es baladí. Es Júpiter Óptimo Máximo quien retira su confianza de la dinastía Julio-Claudia y entrega las riendas del estado a Vespasiano, su elegido, a través del último gobernante legitimado por su pertenencia a la *gens* de Augusto. Este *omen* se convierte, por tanto, en la perfecta materialización de la legitimación imperial vespasianea. La legitimidad dinástica directa no es válida en el caso de Vespasiano, por lo que Júpiter, como representante divino del poder político, retira su apoyo a la estirpe de Augusto y elige a Vespasiano como el nuevo depositario del mismo, siendo el nuevo encargado de manejar los designios del imperio.

Esta justificación del poder político a través de la apropiación, por parte de Vespasiano, de la legitimidad de la dinastía Julio-Claudia con la intermediación de la divinidad, no se muestra solo en este *prodigum.* Un significado similar, aunque no tan evidente, tendrá otro de los augurios

538 BARZANÒ (1993), p. 262-264.

539 TAC., *Hist.* 1 ,10: [...] *occulta fati et ostentis ac responsis destinatum Vespasiano liberisque eius imperium post fortunam credidimus* [...].

540 MORGAN (2000), p. 27- 28.

541 SUET., *Vesp.* 5, 7: [...] *Nuntiabantur et ex urbe praesagia, Neronem diebus ultimis monitum per quietem, ut tensam Iouis Optimi Maximi e sacrario in domus Vespasiani et inde in circum deduceret* [...].

542 CASS. DIO 66, 1, 3.

recogido por Suetonio[543]. Cuando Vespasiano cumplía su cometido como edil, Calígula, aparentemente enfadado por la suciedad acumulada en las calles de Roma, la cual achacaba a su dejadez en el desempeño de la edilidad, cubrirá de barro al futuro fundador de la dinastía Flavia. Lo curioso es que, más que como una ofensa, Suetonio, seguramente siguiendo al pie de la letra la "versión oficial" flavia, interpreta este hecho como la entrega de Calígula, a través del barro depositado en el *sinus* de la toga de Vespasiano, de la propia Roma que, pisoteada por las guerras civiles, sería recogida y alzada de nuevo por Vespasiano[544]. El hecho de que las monedas con la leyenda *Roma Resurgens*, en las que se muestra a Vespasiano tendiendo la mano a Roma, que yace en el suelo[545], tengan un sentido muy similar, refuerza la interpretación de esta versión del *omen* como parte del programa de justificación política de Vespasiano.

No serán estos los únicos *prodigia* que impliquen directamente a miembros de la dinastía precedente a la vez que muestran una intervención claramente divina. El sueño que Vespasiano tuvo durante el viaje de Nerón por Grecia, en el cual se le anunciaba un futuro próspero cuando a Nerón le arrancasen un diente, y la efectiva extracción de un diente por parte de un dentista al emperador a la mañana siguiente[546] o el hecho de que la estatua de *diuus Iulius* se volviese hacia Oriente durante el segundo consulado de Galba[547], anunciando la victoria de Vespasiano, deben ser encuadrados dentro de este marco interpretativo.

Júpiter no solo estará presente en esta legitimación política de Vespasiano, sino también en la esfera militar. Durante la primera batalla de Bedriaco[548], en el momento en que las tropas de Vitelio y Otón se encuentran en el campo de batalla, dos águilas, representantes de ambos contendientes, comienzan a luchar. Cuando una de las dos vence, presumiblemente la de Vitelio, una tercera aparece por Oriente, dónde está Vespasiano, y derrota a la vencedora. La interpretación es obvia: tras la lucha entre Otón y Vitelio, Vespasiano se convertirá en emperador y vencedor definitivo de las guerras civiles.

El hecho de que sean águilas, y no otra ave , las que protagonicen dicho *omen imperii* no es casual. El águila, como enseña de las legiones y símbolo de Júpiter, es el mensajero perfecto de la voluntad de la divinidad[549]. Hay que destacar, igualmente, el hecho de que este modelo de *omen* había sido utilizado ya con anterioridad por los gobernantes romanos, siguiendo un modelo de

[543] SUET., *Vesp.* 5, 3.
[544] VIGOURT (2001), p. 260-261.
[545] BMC II *Vesp.* 566.
[546] SUET., *Vesp.* 5, 5.
[547] SUET., *Vesp.* 5, 7.
[548] SUET., *Vesp.* 5, 7.
[549] MONTERO (2006), p. 49.

origen helenístico[550]. Así, Octavio verá vaticinada su victoria en las guerras civiles a través de un águila que,posada en su *praetorium* durante la reunión de Bolonia en la cual se fundará el colegio de los *tresuiri rei publicae constituendae*, destrozará a dos cuervos, representantes de los otros dos miembros del triunvirato[551]. Igualmente, durante la batalla de Filipos, un águila procedente del bando de Octavio y Antonio vencerá a la procedente del bando de los tiranicidas, anunciando su derrota[552].

Nos encontramos, por tanto, ante el fenómeno de reinterpretación y reutilización del *prodigium* dentro de la ideología imperial que hemos mencionado más arriba. Vespasiano no solo se hace depositario de la predestinación imperial mostrada por Júpiter a través de las águilas, sino que se identifica de manera directa con Augusto, que además de fundar la dinastía Julio-Claudia se presentó a sí mismo, reiteradamente, como elegido de Júpiter[553]. Si bien Vespasiano no puede utilizar los lazos de sangre con el fundador del sistema imperial, puede vincularse, e incluso igualarse, al mismo a través de la utilización de sus mismas fuentes de legitimidad religiosa.

En definitiva, la utilización de Júpiter como responsable directo de la elección de Vespasiano y sus hijos para la dignidad imperial y, a su vez, de su protección y mantenimiento en el poder, surge ya durante el denominado Año de los Cuatro Emperadores, debido a la necesidad de legitimación de un poder conseguido tan solo a través de la victoria en las guerras civiles. Vespasiano conseguirá superar su carencia de lazos familiares con la anterior dinastía a través de un especial énfasis en la importancia de la predestinación divina, asentando una sólida estructura ideológica de justificación política que servirá para afianzar a sus hijos en el poder. Esta ruptura de la necesidad de pertenencia a la estirpe de los descendientes de Augusto se realiza a través de un supuesto trasvase de legitimidad en el que Júpiter, como elector último del emperador, tendrá un papel central. Es Júpiter el que, en última instancia, retira su confianza en el último de los representantes de los Julio-Claudios y la entrega a Vespasiano, legitimando así al vencedor del conflicto del año 69 frente a sus inmediatos predecesores y rellenando el vacío de poder creado tras la muerte de Nerón.

A pesar de ello, como ya hemos dicho a lo largo del presente trabajo, Vespasiano no renuncia a una concepción dinástica del poder, dejando claro, incluso, que le sucederían sus hijos o nadie[554] y llegando, élmismo, a convertirse en *diuus*. De este modo, Vespasiano, utilizando en vida una justificación religiosa del poder político similar en muchos aspectos a la

[550] VIGOURT (2001), p. 136-137.
[551] SUET., *Aug.* 94, 1.
[552] PLUT., *Brut.* 48, 1-5; APP., *Bell. Ciu.* 4, 128; CASS. DIO 47, 48.
[553] ESCÁMEZ (2014), p. 191-200.
[554] SUET., *Vesp.* 25.

llevada a cabo por Augusto, se convertirá, tras su muerte, en el referente de legitimación dinástica de sus hijos, predestinados igualmente por Júpiter a la dignidad imperial. No es de extrañar, por tanto, que Júpiter siguiese manteniendo, tras su muerte, un papel central dentro de la propaganda imperial Flavia, habiéndose convertido durante el gobierno de Vespasiano en la fuente del poder político.

De esta manera, con la llegada al poder de Tito, debido en parte, con toda probabilidad, a la brevedad de su gobierno, no se detectarán muchos cambios respecto a los mecanismos de legitimación política implementados por Vespasiano. Júpiter, dentro de la propaganda de Tito, seguirá funcionando como legitimador del poder del emperador, dentro de una dinámica continuista para nada extraña, si tenemos en cuenta el papel de corregente de Tito ya durante el gobierno de su padre, del que nos informan las fuentes clásicas[555].

Las monedas que, bajo la leyenda *Prouidentia Augusta*[556], muestran a Tito y a Vespasiano togados y sosteniendo con sus manos el orbe del mundo, parecen señalar en la misma dirección: la principal fuente de legitimidad de Tito es la ya impuesta por su padre, es decir, la predestinación divina[557]. En el mismo sentido puede interpretarse una cita recogida por Suetonio, el cual, al relatar el descubrimiento de una conjura contra el emperador, pone en boca de Tito la afirmación de que *el poder imperial es un don que otorga el destino*[558].

Si bien no nos ha llegado tanta información sobre *omina imperii* y *portenta* en referencia a la llegada al poder de Tito, detectamos, en los datos llegados hasta nosotros, una continuidad del programa de Vespasiano. Por un lado, su destino imperial quedará patente a través de predicciones derivadas de la inspiración divina, como será el caso del oráculo de Venus Paphia. Tanto Suetonio como Tácito[559] afirman que, durante un viaje de Tito a Roma, donde había sido enviado por Vespasiano para felicitar a Galba por su ascenso a la dignidad imperial, el futuro emperador visita el oráculo de Venus Paphia, el cual quería consultar, en principio, en referencia a su viaje. El sacerdote, Sostrato, le predice grandes logros y, tras una reunión privada en la que, supuestamente, le habla de su predestinación a la dignidad imperial, Tito retorna a Oriente con Vespasiano.

De esta manera, la afirmación de Tácito de que Tito alcanzó el poder por su naturaleza, su belleza personal y majestad innata al igual que por la fortuna de Vespasiano, los oráculos proféticos y, en palabras del autor clásico, aquellas ocurrencias fortuitas que, debido a la credulidad de la plebe, fueroninterpretadas como presagios[560], se basaría en una campaña de

[555] SUET., *Tit.* 6, 1
[556] BMC II *Tit.* 180.
[557] FEARS (1981), p. 77.
[558] SUET., *Tit.* 9, 1.
[559] SUET., *Tit.* 5, 1; TAC., *Hist.* 2, 2-4.
[560] TAC., *Hist.* 2, 1.

legitimación del poder político por parte de Tito que seguía unas líneas de actuación similares en todo a las de su padre.

Igualmente, procederá a implicar a los miembros de los Julio-Claudios dentro de su propaganda, consiguiendo beneficiarse de una supuesta "transferencia de legitimidad" orquestada por la propia divinidad, que retira su confianza respecto a los descendientes de Augusto para otorgársela, directamente, a los miembros de la nueva dinastía. Es curioso, por tanto, el énfasis del programa ideológico de Tito en la figura de Británico. Así, Suetonio[561] afirma que ambos fueron educados juntos y que durante la visita de un fisonomista a palacio, destinado a profetizar el futuro del hijo de Claudio, éste afirmaría que era Tito, y no Británico, el que estaba destinado a gobernar. Afirma incluso que, en el momento en que Británico es envenenado por Nerón, Tito cae gravemente enfermo al haber bebido de su misma copa, dejando entrever cierta protección divina que, en cierto modo, le legitimaba a usurpar el puesto que, en caso de no haber sido asesinado, hubiese correspondido a Británico. De esta manera, al igual que Vespasiano había recibido las riendas del estado de manos de Nerón por la intercesión del propio Júpiter, el cual le había predestinado al poder, Tito se presenta como legítimo depositario de la confianza divina a través de estas tempranas predicciones, más que probablemente construidas a posteriori.

Sin embargo, Tito deberá enfrentarse a varios problemas para los que el programa ideológico asentado por su progenitor no tendría una especial efectividad. Por un lado, a pesar de que las fuentes nos presenten a Tito como "amor y delicias del género humano"[562], su imagen pública en el momento de su llegada al poder no fue, precisamente, idílica. Los abusos que había cometido bajo el gobierno de su padre, en calidad de prefecto del pretorio, destacándose su crueldad y rapacidad, al igual que la fama de su vida licenciosa, dentro de la cual su relación con Berenice fomentaba una especial animadversión, hicieron que fuese considerado, incluso, un "nuevo Nerón"[563].

El hecho de que use esta expresión, y no otra, nos habla igualmente de qué sector social era el que veía con malos ojos a Tito: el *ordo* senatorial. La figura de Nerón entre la *plebs* no había sido especialmente negativa, con lo que la utilización de esta denominación como forma de ataque a la legitimidad del

561 SUET., *Tit.* 2, 1: *Educatus in aula cum Britannico simul, ac paribus disciplinis et apud eosdem magistros institutus. Quo quidem tempore aiunt metoposcopum, a Narcisso Claudii liberto adhibitum, ut Britannicum inspiceret, constantissime affirmasse, illud quidem nullo modo, ceterum Titum, qui tunc prope astabat, utique imperaturum. Erant autem adeo familiares, ut de potione, qua Britannicus hausta periit, Titus quoque iuxta cubans gustasse credatur grauique morbo adflictatus diu. Quorum omnium mox memor, statum ei auream in Palatio posuit, et alteram ex ebore equestrem, quae Circensi pompa hodieque praefertur, dedicauit prosecutusque est.*

562 SUET., *Tit.* 1, 1.

563 SUET., *Tit.* 6-7, 1.

emperador solo podría proceder de uno de los sectores más enfrentados con la política del último de los Julio-Claudios[564].

Aún así, como ya hemos mencionado más arriba, las fuentes se esforzarán por ofrecer una imagen idealizada de Tito como el emperador modélico, como un dechado de bondad y buen gobierno fácilmente comparable con su malvado hermano Domiciano. De esta manera, las fuentes de época Antonina, que son nuestra principal fuente para conocer el periodo flavio, muestran una visión distorsionada de la opinión pública durante el gobierno de Tito. Uno de los mejores ejemplos, sin duda alguna, es el diferente tratamiento dado a los desastres ocurridos durante el gobierno de Tito, que incluyen la nueva destrucción del Capitolio en un incendio que arrasará Roma durante días, una peste que afectaría seriamente a la población de la *urbs* y la catastrófica erupción del Vesubio que sepultaría las ciudades campanas, respecto a sucesos similares acaecidos en el año de los Cuatro Emperadores. El propio incendio del Capitolio en el año 80 supondrá una de estas diversas catástrofes "trágicas y fortuitas"[565], cuando solo 10 años antes había supuesto la peor desgracia ocurrida en la ciudad de Roma desde su misma fundación[566].

Si bien hay que tener en cuenta que el contexto en el que se dan estos desastres es diferente al periodo de guerras civiles del año 69, ya que, como afirma Tácito, "lo que en tiempos de paz se atribuía a la casualidad o a la naturaleza, se llamaba ahora destino o cólera divina"[567] y que, como afirma Yavetz, parece ser, a partir de las fuentes, que el gobierno de Tito no se caracteriza por la desafección de la *plebs*, más allá del surgimiento de un nuevo Pseudo-Nerón[568], no puede dudarse del efecto negativo que dichos acontecimientos tendrían sobre la imagen pública del *princeps*. La consideración tradicional del *prodigium* como una señal directa de la voluntad divina[569], que mostraba su descontento hacia el comportamiento de los mortales a través de catástrofes, llevaría, con bastante probabilidad, a minar de forma notable la legitimidad de un gobernante cuyo poder, en última instancia, se basa en la elección por parte de la divinidad. Es muy probable, por tanto, que la campaña de lavado de imagen iniciada con su ascenso al poder[570] se hubiese visto sumamente afectada, quizá incluso anulada, por esta serie de desdichas.

Las propias fuentes que han llegado a nosotros sobre la erupción del Vesubio son, por ejemplo, claras al respecto. El gran número de víctimas y la completa destrucción de algunas de las principales ciudades de la bahía de

564 YAVETZ (1969), p. 120-129.
565 SUET., *Tit.* 8, 3.
566 TAC., *Hist.* 3, 72.
567 TAC., *Hist.* 4, 26.
568 YAVETZ (1987), p. 140-142.
569 MCBAIN (1982), p. 7; MONTERO (1991), p. 5.
570 SUET., *Tit.* 7, 2-8, 2.

Nápoles harán que las fuentes más tempranas la califiquen, sin ninguna duda, como una muestra clara de castigo divino. Valerio Flaco, cuyas *Argonauticas*, a pesar de no estar datadas con precisión, parecen ser la fuente literaria más cercana cronológicamente al suceso, describe la erupción como una intervención divina[571], compartiendo muchas similitudes con la referencia realizada a dicho desastre por parte de los *Oracula Sybillina*[572], cuya composición puede ser datada en fechas tan tempranas como agosto del 79 o julio del 80 d.C.[573] y a los cuales tendría acceso debido a su condición de *quimdecemuir sacris faciundis*[574].

La misma opinión presentan otros autores como Plutarco[575], que igualmente parece hacer referencia al texto oracular, lo cual nos habla, a su vez, de la difusión e importancia otorgada a éste, Plinio[576], que siendo testigo presencial de la erupción afirmará que la opinión generalizada entre las víctimas es que los dioses habían dejado a los mortales a su suerte o Dión Casio[577], que no duda en calificar de castigo divino tanto la erupción del Vesubio como el incendio de Roma.

El más importante, por sus implicaciones políticas, es el propio pasaje de los *Oracula Sybillina*. El autor del texto, probablemente presente durante la erupción del Vesubio debido a la pormenorizada descripción que hace de la misma, culpa al destructor de Jerusalén, es decir, al propio emperador en ese momento, Tito, de esta catástrofe, al haber desencadenado la furia divina al destruir el templo judaico[578]. Si bien el la obra profética tiene un marcado origen judío, siendo una perfecta representante del género sibilista judaico originado como forma de oposición ideológica y religiosa a la invasión helenística y romana[579], no debemos descartar un relativa difusión del oráculo en la propia Roma, como indican, sin lugar a dudas, las coincidencias entre el texto oracular y las referencias realizadas por algunos autores clásicos, que presuntamente lo habrían tomado como fuente. La más que posible oposición a Tito tendría, en este mensaje oracular, un arma ideológica de primer orden, al atacar, directamente, la base del poder flavio.

A pesar de todo ello, las fuentes de época Antonina no dudarán en aprovechar esta serie de desastres como una vía para exaltar al emperador, describiendo las medidas inmediatas tomadas por el mismo para paliar el sufrimiento de las víctimas. Es lógico, por tanto, que Tito, comprendiendo la

[571] VAL. FLAC., *Arg.* 3, 208-209; 4, 507-509, 686-688.
[572] *Orac. Sib.* 4, 130-136.
[573] SOGLIANO (1982), p. 165-166.
[574] LUISI (1989), p. 231.
[575] PLUT., *De Pyth. or.* 398, E.
[576] PLIN., *Ep.* VI, 20, 15.
[577] CASS. DIO 66, 24, 3.
[578] LUISI (1989), p. 233.
[579] MOMIGLIANO (1987), p. 125-126; SUÁREZ DE LA TORRE (2001), p. 245-249.

amenaza que, para la estructura legitimadora creada por su padre y mantenida por sí mismo, revestía el que se acusase al emperador de haber perdido la confianza de la divinidad y, por tanto, haber provocado el castigo divino derivado de la ruptura de la *pax deorum*, utilice todos los medios a su alcance para minimizar las consecuencias. Las herencias de los fallecidos durante la erupción del Vesubio serán destinadas a la reconstrucción, movilizándose incluso el emperador a la bahía de Nápoles para afrontar el problema en persona, los ornamentos de las residencias imperiales serán utilizados para reconstruir Roma tras el incendio que asoló la *urbs* precisamente durante su visita a las ciudades campanas y se utilizarán todos los medios humanos y divinos para atajar la epidemia que hacía estragos entre los habitantes de la ciudad[580].

Del mismo modo, Tito procederá a la inmediata reconstrucción del templo de Júpiter Óptimo Máximo, que, como ya hemos mencionado, fue destruido de nuevo durante el incendio que asoló la ciudad en el año 80. Esta restauración revestía un papel capital, ya que, como ya hemos analizado, Vespasiano había convertido el templo Capitolino y su reconstrucción en la prueba más firme de su elección por parte de la divinidad como gobernante legitimo. La destrucción del mismo, aunque no fuese durante un combate, como había ocurrido en el año 69, suponía la falta de apoyo por parte de Júpiter, tal y como había implicado la *impietas* de Vitelio durante el Año de los Cuatro Emperadores. La propaganda de Vespasiano se habría vuelto, de este modo, en contra de su propio hijo, que tendrá que luchar, en cierto modo, contra las estructuras de legitimación creadas por su progenitor.

No es extraño, por tanto, que Tito comience la reconstrucción del templo inmediatamente después de su destrucción. La prueba que tenemos del inicio bajo su gobierno de las tareas de restauración es un epígrafe perteneciente a las actas de los Arvales en el que se recoge la dedicación del nuevo templo en el *aedes* de *Ops*, con presencia del propio emperador y de los Arvales, el 7 de diciembre del 80[581].La temprana muerte de Tito, el 13 de septiembre del 81, no le permitirá ver, sin embargo, el culmen de las obras, que no serán concluidas sino bajo el gobierno de Domiciano.

Por su parte, Domiciano, ya durante el asedio al Capitolio por los Vitelianos en el 69, se vio salvado, supuestamente, por el propio Júpiter, bajo cuyo amparo el futuro emperador pudo huir, disfrazado de sacerdote de Isis[582], del asalto en el que fue destruido el templo de Júpiter Óptimo Máximo y Sabino,

[580] SUET., *Tit.* 8, 3-4.

[581] *CIL* VI, 2059, 12-13: *M(arco) Tittio Frugi, T(ito) Vinicio Iuliano co(n)s(ulibus) <:ante diem> VII idus Decembr(es) in Capitolio in aedem Opis/ sacerdotes conuenerunt ad uota nuncupanda ad restitutionem et dedicationem Capi/toli ab Imp(eratore) T(ito) Caesare Vespasiano Aug(usto).*

[582] JONES (1992), p. 14.

hermano de Vespasiano, fue asesinado[583]. La intervención de la divinidad fue fundamental para la supervivencia del miembro más joven de la *gens Flauia*, protegida por Júpiter por la alta dignidad a la que estaba predestinada.

Tal importancia le será otorgada a dicho rescate milagroso que, en el mismo lugar donde se encontraba el edificio destinado al *aedituus* del templo de Júpiter, en el que fue guarecido Domiciano, se llevará a cabo, como ya hemos mencionado, la erección de un *sacellum* de mármol[584], en cuya decoración iconográfica sería representado Domiciano en brazos de Iovis Custos[585]. En época de Domiciano, y quizá por la destrucción del *sacellum* de época de Vespasiano durante el incendio del año 80, se realiza en el mismo lugar un monumental templo de mármol dedicado a Iuppiter Conservator.

Esta predilección domicianea por esta advocación de Júpiter también se verá reflejada en la iconografía numismática. De este modo, será muy frecuente el tipo que presenta, junto a una imagen de Júpiter, la leyenda IOVIS CONSERVATOR[586]. Este tipo monetal ya había sido utilizado con anterioridad por la dinastía Julio-Claudia, siendo bastante frecuente en la numismática neroniana bajo el apelativo de Iuppiter Custos. Vespasiano, para desvincularse de este último y queriendo explotar propagandísticamente la salvación divina de su hijo por parte de Júpiter, utilizará el mismo tipo, pero cambiado la leyenda por Iovis Custos para evitar la identificación directa con las acuñaciones neronianas[587].

Se ha considerado, como ya hemos dicho más arriba, que los años de acuñación de este tipo bajo Vespasiano, el 75 y el 76, coincidirían cronológicamente con los complots contra Vespasiano recogidos por Suetonio[588], y que el sentido de la moneda, al igual que en el caso de Nerón, sería exaltar la condición de Júpiter como protector de la casa imperial contra los ataques de conspiradores. A pesar de ello, la misma denominación utilizada para hablar del *sacellum* indica una referencia específica a los acontecimientos del 69[589].

En paralelo a la construcción de este templo de Iovi Conservator se realiza la nueva restauración del templo de Júpiter Óptimo Máximo que, habiendo sido reconstruido por Vespasiano tras el incendio del 69, fue destruido completamente en el reinado de Tito por el incendio del año 80 que, iniciado en el Campo de Marte, arrasó gran parte de la ciudad durante tres días[590],

583 SUET., *Dom.* 1, 2-3; TAC., *Hist.* 3, 74.

584 JONES (1992), p. 14.

585 FEARS (1977), p. 193; RICHARDSON (1992), p. 218; JACOBO PÉREZ (2003), p. 90; ARATA (2010), p. 139.

586 BMC II *Dom.* 287.

587 JACOBO PÉREZ (2003), p. 90-93; 204.

588 SUET., *Vesp.* 25.

589 SUSPLUGAS (2003), p. 82-84.

590 SUET., *Tit.* 8, 3.

incluyendo el más sagrado de sus templos.La reconstrucción del espacio sagrado se comenzaría ya con Tito inmediatamente después del incendio, el 7 de diciembre del 80[591]. Sin embargo, debido a la temprana muerte de éste, la culminación de las obras no se daría sino bajo Domiciano. Para ello no se escatimará en gastos, siendo criticada por las fuentes la suntuosidad del nuevo templo y la gran cantidad de riqueza empleada para su nueva construcción[592]. Las puertas del recinto serán chapadas en oro, con tejas doradas con bronce y columnas de mármol del Pentélico, alcanzando, según las fuentes, un coste total de 20.000 talentos de oro[593].

Gran parte de esta riqueza sería conseguida a través del *fiscus iudaicus*, utilizado ya por Vespasiano para la reconstrucción del templo tras su destrucción en el 69. La represión ejercida para la consecución de este impuesto quedará reflejada en las fuentes[594] que, fieles a su demonización de la figura de Domiciano, mostrarán la gran violencia desarrollada contra los judíos en Roma. Llegaría, incluso, a acusar de judaísmo a miembros del Senado, teniendo en mente cobrarles dicho impuesto judaico[595].

Uno de los elementos más característicos de su reconstrucción del templo de Júpiter será la eliminación de los nombres de todos los anteriores restauradores y constructores del mismo[596], dejando solo su propio nombre[597] y realizando lo que tanto Augusto como Vespasiano, en una muestra de *pietas* hacia los dioses y respetando las costumbres, habían evitado hacer[598]. Un reflejo de esta política puede ser observado en las acuñaciones del periodo domicianeo, concretamente en un tipo monetal del 95-96, que muestra un templo hexástilo con tres estatuas de culto en su interior y una inscripción en su frontón en la que pone IMP CAES[599]. La aparición en esta moneda de tal detalle, desconocido hasta la fecha en las representaciones numismáticas del templo de Júpiter Óptimo Máximo, parece indicar una clara utilización propagandística de la reconstrucción del templo como señal de la elección divina de Domiciano. El énfasis sería aun mayor que el de Vespasiano, ya que este último, como ya hemos dicho, sírespetó los nombres de los antiguos constructores y restauradores.

Pero Júpiter tendrá una presencia aún mayor en la numismática de Domiciano. La acuñación de tipos en los que aparece Amaltea, nutricia de Júpiter, con la leyenda *Princeps Iuuentutis* y la efigie de Domiciano, ya en

591 *CIL* VI, 2059, 12-13.
592 Plut., *Publ.* 15, 3-5.
593 Richardson (1992), p. 223.
594 Suet., *Dom.* 12, 2.
595 Fernández-Ardanaz / González Fernández (2005), p. 225-226.
596 Fears (1981), p. 77-78.
597 Suet., *Dom.* 5, 1.
598 Montero (2006), p. 167.
599 RIC II$^2$ *Dom.* 815.

época de Tito[600], indican una relación directa del futuro emperador con Júpiter. El propio Domiciano se mostrará a sí mismo en muchas ocasiones con los atributos de la principal deidad romana[601], el cetro y el *fulmen*, mientras es coronado por una victoria alada. También aparecerá el *fulmen* en manos de Minerva en el denominado tipo III, siendo representada la diosa en una disposición iconográfica muy similar a la de Iovis Custos[602]. La presencia de águilas en la numismática[603], relacionadas con Júpiter y apropiadas tradicionalmente por la casa imperial[604], también será una constante durante su reinado.

Otra representación numismática interesante es la de *Ioui Victori,* en la que se muestra a Júpiter entronizado como depositario y responsable directo de la victoria de Domiciano ante los Sármatas[605]. Dicha interpretación se deriva de la cita de Suetonio en la que relata que, tras esta victoria, Domiciano se negó a realizar un triunfo, limitándose, en gesto de *pietas*, a llevar la corona del triunfador a la estatua de Júpiter Óptimo Máximo[606].

También se recoge en las fuentes la presencia que Júpiter tenía en los presagios acaecidos durante su gobierno, como ya había ocurrido, por otro lado, en el caso de Vespasiano. No nos debe sorprender que, en la mayoría de los casos, éstos revistan un carácter negativo, dado el ya mencionado tratamiento crítico que dan todas nuestras fuentes, posteriores al periodo que tratan, a su gobierno y a su persona. Uno de los pocos casos positivos se dará con motivo del intento de golpe de estado de L. Antonio, comandante del ejército de Rin, que consiguió el apoyo de dos legiones completas que le proclamaron *imperator*. El mismo día en que se dio la batalla, en la que vencerían las tropas proclives a Domiciano gracias al fortuito deshielo del Rin, que impidió que los refuerzos de L. Antonio lo cruzasen, un águila rodeó en Roma una estatua de Domiciano con sus alas, lanzando gritos de júbilo[607] y demostrando, con ello, la protección de Júpiter sobre su elegido.

Podemos presuponer que dicha historia sería una de las pocas conservadas procedentes de su gobierno, centrándose el grueso de las demás en los *omina mortis* del emperador. La gran cantidad de historias referentes a Júpiter en relación con la muerte de Domiciano han llevado a pensar que el temor de Domiciano reflejado por Suetonio fuese verídico[608], y motivado más por amenazas reales, revestidas de rumores de carácter religioso negativo, que por

600 BMC II *Tit.* 88.
601 BMC II *Dom.* 476.
602 BMC II *Dom.* 48.
603 BMC II *Dom.* 506.
604 Montero (2004), p. 47-48.
605 Fears (1977), p. 193.
606 Suet., *Dom.* 6.
607 Suet., *Dom.* 7, 2.
608 Vigourt (2001), p. 161.

la pérdida de la confianza divina. La elección de la oposición de la figura de Júpiter como elemento central de estos presagios funestos no sería más que un ejemplo de contrapropaganda política, en la que la exaltación de Domiciano de la protección de Júpiter hacia su persona se vuelve en su contra al perder el apoyo de la divinidad[609].

Entre estos presagios de la muerte próxima del emperador se debe destacar la continua caída de rayos en la ciudad, que golpearon el Capitolio, el *Templum Gentis Flauiae*, el palacio en el Palatino y su propia habitación[610], todos ellos símbolos principales de la legitimación del poder imperial de Domiciano golpeados por el *fulmen* de su divinidad protectora.

Más revelador será aun un sueño atribuido al propio Domiciano. En él, Minerva, saliendo de su *sacrarium*, posiblemente el ubicado en sus estancias y representado en la numismática[611], le comunicaba que Júpiter en persona le había arrebatado sus armas, impidiéndole protegerle por más tiempo[612]. La mención directa de la protección de Júpiter a Domiciano, arrebatada por una supuesta falta de confianza repentina de su principal protector hacia su elegido, ya es de por sí llamativa[613], pero el hecho de que las monedas del tipo Minerva III, antes mencionadas, muestren a la diosa con los atributos de Júpiter protegiendo a Domiciano es incluso más significativo. Júpiter recupera sus armas, no arrebata las suyas a Minerva[614]. De igual modo, se hace referencia a un *sacrarium* personal igualmente representado en la amonedación del periodo. Se están utilizando tipos numismáticos, mensajes imperiales perfectamente diseñados para mostrar una ideología concreta, para atacar a su creador.

Por tanto, el mensaje propagandístico de Júpiter como base el poder de Domiciano era perfectamente percibido en la época, hasta tal punto que la oposición senatorial a su gobierno pudo diseñar, a partir de su programa ideológico, una campaña de deslegitimación y denigración del último emperador Flavio, justificando, de esta manera, su asesinato[615]. No debe extrañarnos, por otro lado, este profundo conocimiento de su política en el periodo ya que, como hemos visto, Júpiter era omnipresente en la propaganda política domicianea.

En este contexto de legitimación de su poder a través de la elección divina de la *gens Flauia* por parte de Júpiter, que depositaría en Vespasiano, Tito y Domiciano la responsabilidad de dirigir el destino de Roma, no sería extraño pensar en la transformación de la figura del *flamen Dialis*, sacerdote de la

609 ESCÁMEZ (2012a), p. 780-781.
610 SUET., *Dom.* 15, 2.
611 En emisiones del 85, 86, 88 y 89. RIC II$^2$ *Dom.* 277.
612 SUET., *Dom.* 15, 3.
613 VIGOURT (2001), p. 174.
614 SUSPLUGAS (2003), p. 84.
615 JONES (1992), p. 193-198.

divinidad base de la legitimidad flavia, en parte fundamental del sistema de culto imperial establecido por Domiciano. Así, el sacerdote que se encarga de velar por el culto al principal protector y valedor de Domiciano pasa a formar parte del culto al propio emperador y a los miembros de su familia, dentro de un esquema ideológico coherente y perfectamente diseñado.

# 4. Conclusiones

Como hemos comprobado a lo largo del presente estudio, la importancia otorgada por parte de la dinastía Flavia al culto imperial fue de primer orden, convirtiéndose, sobre todo a partir de la muerte de Vespasiano y en paralelo a la elección por parte de Júpiter de Vespasiano y sus hijos, en una de las principales bases legitimadoras de la dinastía gobernante.

Tal es así que a la muerte del fundador dinástico, y tras su divinización, se llevará a cabo la creación de un colegio sacerdotal, a imitación de los ya existentes *Augustales Claudiales*, de los cuales toman su forma de organización, que debía encargarse del culto a los *diui* de la dinastía Flavia, los *sodales Flauiales*. Los miembros fundadores de la *sodalitas* eran personas que disponían de la absoluta confianza de la casa imperial cuyo nombramiento, más que probablemente, procedía directamente del gobernante. A la muerte de Tito se convertirían en los *sodales Flauiales Titiales*, como conocemos a través de la epigrafía[616], y pasarían a encargarse, por orden de Domiciano, de todos los *diui* Flavios, con un especial énfasis en las figuras de Vespasiano y Tito.

Las actas sacerdotales del templo de Júpiter Propugnator, identificadas con las actas de los *sodales Flauiales Titiales*, proporcionan al investigador la oportunidad de vislumbrar la organización de dicho colegio sacerdotal. El parecido con los *sodales Augustales Claudiales* resulta más que evidente, ya que muestra un proceso de elección y distribución de los cargos sacerdotales evidentemente similares. La presencia de nombramientos realizados por orden o recomendación imperial directa nos hablaría, igualmente, del control que sobre el colegio sacerdotal tendría la casa imperial, principal interesada en la correcta representación de los valores ideológicos convenientes para su legitimidad.

El mencionado trato especial otorgado a Vespasiano y a Tito, contrario a esa consideración tradicional del culto imperial domicianeo como un culto grupal que intenta evitar el personalismo, derivada de la percepción de Domiciano como un gobernante poco carismático a través de las fuentes, será confirmado por los edificios de culto imperial de Roma y las provincias, donde los colegios sacerdotales llevarían a cabo sus actividades culturales. En los mismos suelen aparecer, por norma general, las estatuas de Vespasiano, Tito y

[616] *CIL* XIII, 7253 = *ILS* 1010; *AÉ* 1979, 399 = 1952, 168.

Domiciano, mostrando la especial relevancia de los estos. Frente a la costumbre Julio-Claudia del establecimiento de cultos locales y provinciales como proposiciones de las propias poblaciones, los Flavios llevarán a cabo la implantación de un sistema centralizado a imitación del culto imperial llevado a cabo en la propia Roma, explicándose así la uniformidad característica del culto a los *diui* en el periodo.

Sin embargo, existe una diferencia fundamental entre el colegio flavio y su homólogo Julio-Claudio: la no existencia atestiguada en Roma de un *flamen diui Vespasiani* o un *flamen diui Titi* en el registro epigráfico y arqueológico de Roma. Hemos llegado a la conclusión, a través de paralelos con los demás miembros de la *sodalitas* y de los *flamines* de otras *sodalitates* de culto imperial, de que es muy difícil defender que dicha ausencia se deba a una laguna aleatoria en el registro, sino de que se trata de una prueba de que la *sodalitas Flauial Titial* habría utilizado otro cargo sacerdotal para dicho cometido de coordinación y organización: el *flamen Dialis*.

Por tanto, tal y como concluyese Momigliano en su artículo de 1935, y como muestran las pruebas aparecidas posteriormente a la publicación del mismo, el principal sacerdote de Júpiter es el más firme candidato para ocupar el puesto del *flamen* desaparecido. Además de la constante utilización ideológica por parte de Domiciano de la figura de Júpiter, tanto la mención del *flamen Dialis* en el Agón Capitolino por parte de Suetonio[617], en el cual se le muestra evidentemente relacionado con el culto imperial y con la propia figura de Domiciano, como la *lex Narbonensis*, en la que se nos describe a los *flamines* de culto imperial provinciales como una imitación del *flamen Dialis* romano, o la iconografía presente en los templos de culto imperial flavio en la ciudad de Roma, en los que la presencia del *flamen Dialis* es indudable y evidentemente buscada por los diseñadores de dichas estructuras, indican en la misma dirección: el *Dialis* sería el encargado de llevar a cabo la dirección y organización de los *sodales Flauiales Titiales*.

Concluimos, de este modo, que la *gens Flauia*, elegida por Júpiter, tiene en el sacerdote de dicha divinidad, el *flamen Dialis*, el eje central de su política de divinización, siendo el miembro principal de la *sodalitas Flauial Titial*, encargada del culto a los *diui* Flavios. Los tres emperadores Flavios se convierten, de este modo, en un trasunto terrenal de la tríada capitolina celeste, presentándose a sí mismos, en los templos de culto imperial, como superiores al resto de mortales, tal y como Júpiter, Juno y Minerva, representados en el templo de Júpiter Óptimo Máximo, lo son respecto a los inmortales.

[617] SUET., *Dom.* 4, 4.

# Anexo I: Corpus epigráfico[618]

## 1. MIEMBROS DE LOS *SODALES FLAVIALES TITIALES*

*ANÓNIMO* (2ª mitad del siglo II-después del 111)
*legato] / [Imp(eratoris) Caesaris Nerua]e Aug(usti) Germ(anici) leg(ionis) XVI / [Flauiae Firmae e]t legato Imp(eratoris) Neruae / [Traiani Caesari]s Aug(usti) German(ici) Dacici / [leg(ionis) VI Ferratae sod]ali Flauiali praetori / [aerarii militari]s legato Imp(eratoris) Neruae / [Traiani Caesaris] Aug(usti) Germanici Dacici / [prouinciae Lugud]unensis consuli legato / [Imp(eratoris) Neruae Traian]i Caesaris Aug(usti) Germanic(i) / [Dacici ad cen]sus accipiendos / [colonia Pia Flaui]a Constans Emerita / [Heluetiorum] foederata / [patr]ono*
*CIL* XIII, 5089 = ILS 1020. *Auenticum.*

*Q. *** FVFICIVS CORNVTVS* (Finales siglo I-después del inicio de la década del 150)
*[Q(uinto) Fufi]cio Cornu[to co(n)s(uli)] / [sodali Titia]li Flauiali leg(ato) Aug(usti) p[ro pr(aetore) prou(inciae) Pann(oniae) inf(erioris)] / [leg(ato) leg(ionis) 3] quae est in Moesia [3 leg(ato) Aug(usti)] / [iurid(ico) per As]tyriam(!) et Callaecia[m praetori can]/[didato tri]b(uno) pleb(is) candidato [quaestori 3 trib(uno)] / [mil(itum) leg(ionis) 3] donis militarib(us) [donato a diuo Had]/[riano coron(a)] murali uexillo a[rgenteo leg(ato) pr(o) pr(aetore)] / [Antonini Au]g(usti) Pii prouinciae M[oesiae inferioris?] / [l(ocus)] d(atus) d(ecreto) [d(ecurionum)]*
*ILF* 8975 = *AÉ* 1897,19. *Histonium.*

****VNIVS*** ***CVS CAR*** ***NTILIANVS* (2ºcuarto del siglo II-después del 191)
*I]unio [3] / [3]co Gar[gilio(?)] / [3]ntil[i]an[o co(n)s(uli)] / [sodal]i Titiali Fla[uiali] / [leg(ato) Au]g(usti) pr(o) pr(aetore) leg(ionis) II I[talic(ae?)] /[praep]osito uexill(ationum) [leg(ionum) III(?)] / [Brita]nnicar(um?) leg(ato) leg(ionis) V] / [Macedo]nic(ae) leg(ato) leg(ionis) [3] / [3 Pi]ae Fidel(is) cur[atori] / [rei pub]lic(ae) Cirtens[ium] / [iuridic]o per Aemil[iam] / [Liguri]am(?) praetor[i trib(uno)] / [pl(ebis?) qua]est(ori) triumui[ro] / [c]apitali / [huic s]enatus auc[tore] / [Imp(eratore) Cae]s(are) L(ucio) Aelio Aur[elio] / [Comm]odo Pio Feli[ce Aug(usto)] / [statua]m in templ[o*
*AÉ* 1995, 231 = *CIL* VI, 41127. *Roma.*

*L. AEMILIVS L. F. CARVS* (Hacia el 100- después del 151)
*L(ucio) Aemilio L(uci) f(ilio) Cam(ilia) Karo co(n)[s(uli)] / leg(ato) Aug(usti) pr(o) pr(aetore) prouinciae Cappadociae / leg(ato) Aug(usti) pr(o) pr(aetore) censitori*

[618] Por regla general seguimos las dataciones e identificaciones ofrecidas por Rüpke en su obra *Fasti Sacerdotum* (2008) y por los autores de *AÉ*. El orden seguido para la colocación de los epígrafes es el alfabético, en el caso de la recopilación de *sodales Flauiales Titiales*, *kalatores* y *pontifices Flauiales*, en el resto de casos se utilizará el orden de aparición en el *CIL* o *AÉ*.

*prouinciae Lugdunensis / leg(ato) Aug(usti) pr(o) pr(aetore) prouinciae Arabiae / curatori uiae Flaminiae leg(ato) leg(ionis) XXX V(lpiae) V(ictricis) / praet(ori) trib(uno) pleb(is) quaest(ori) Aug(usti) / trib(uno) militum leg(ionis) VIII Aug(ustae) / trib(uno) militum leg(ionis) VIIII Hispanae / Xuiro stlitib(us) iudic(andis) / sodali Flauiali XVuiro s(acris) f(aciundis) / C(aius) Iulius Erucianus Crispus praef(ectus) / alae primae Vlpiae Dacorum / amico optimo*
*CIL* VI, 1333 = *ILS* 1077. *Roma.*

*C. BELLICVS NATALIS TEBANIANVS* (Década del 40-después del 87)
*G(aius) Bellicus Natalis Tebanianus co(n)s(ul) / XVuir Flauialium*
*CIL* XI, 1430 = *ILS* 1009. *Pisa.*

*Q. CAMVRIVS C. F. NVMISIVS IVNIOR* (1$^{er}$ cuarto del siglo II – después del año 161)
*[Q(uinto) C]amur[io L f(ilio) Lem(onia)] / Numisio Iu[niori] / IIIuir(o) a(ere) a(rgento) a(uro) f(lando) f(eriundo) tr(ibuno) [mil(itum)] / leg(ionis) VIIII Hi[spanae] / sodali Titiali [Flauiali] / qua[e]st(ori) urb(ano) ae[d(ili) cur(uli)] / pr(aetori) [le]g(ato) Aug(usti) leg(ionis) [3] / et [leg(ionis)] VI Victr(icis) [3] / et [Iu]nior pa[tri*
*CIL* XI, 5670. *Attidium.*

*Stertiniae L(uci) f(iliae) / Cocceiae / Bassulae / Veneciae Aelianae / Iunioris // Q(uinto) Corn[elio 3 f(ilio) Lem(onia)] / Flacco / Norico / Numisio // municipes et [incolae] / Numisius Iunior sodalis Titi[alis Flauialis] / aed(ilis) cur(ulis) desig(natus)*
*CIL* XI, 5672. *Attidium.*

*P. CASSIVS L. F. DEXTER* (Hacia el 110-3$^{er}$ cuarto del siglo II)
*[P(ublius) Cas]sius T(iti) f(ilius) Cl(audia) Dexter Augus[tanus] / [Alpin]us Bellicius Sollers Metilius [3] / [3]us Rutilianus Xuir stlit[ibus] / [iudican]dis trib(unus) laticl(auius) leg(ionis) III Aug(ustae) [seuir eq(uitum)] / [turm]a<r = P>(um) VIIuir epulon(um) sodalis [3] / [quaest]or trib(unus) plebis praetor fideico[miss(arum) leg(atus)] / leg(ionis) IIII Scythicae leg(atus) Aug(usti) pr(o) prae(tore) pro[uin]/[ciae] Ciliciae // "GR"*
*CIL* III, 12116 = *ILS* 1050. *Hierapolis Castabala.*

*L. COSSONIVS L F. GALLVS VECILIVS CRISPINVS LANSVARIVS MARCELLINVS NVMISIVS SABINVS* (Hacia los 70-después del 120)
*[L(ucio?) Cosso]nio(?) L(uci) f(ilio) Stel(latina) / Gallo Vecilio / Crispino Mansuanio / Marcellino Numisio / [S]abino leg(ato) Aug(usti) pro pr(aetore) / prouinciar(um) Galatiae Pisid(iae) / [P]aphlagoniae sodali Fla / uiali proco(n)s(uli) prou(inciae) Sard(iniae) / leg(ato) legionum I Italicae et / [I]I Traianae Fortis praef(ecto) frum(enti) / dandi curatori uiar(um) Clodiae / Cassiae Anniae Ciminae Tra / ianae Nouae praetori trib(uno) pl(ebis) / quaestori prouinc(iae) Ponti et / [B]ithyniae leg(ato) Asiae IIIuir(o) capital(is) / trib(uno) mili / t(um) leg(ionis) XXI Rapacis*
*CIL* III, 6813 = *ILS* 1038. *Antiochia Pisidiae.*

*A. DIDIVS GALLVS FABRICIVS VEIENTO* (Fin del 1$^{er}$ cuarto del siglo I-Tras el 98)
*A(ulus) Didius Gallus / [F]abricius Veiento co(n)s(ul) / III XVuir sacris faciend(is) / sodalis Augustal(is) sod(alis) Flauial(is) / sod(alis) <T = I>i<t = I>ialis et Attica eius / Nemeton(ae) u(otum) s(oluit) l(ibens) m(erito)*
*CIL* XIII, 7253 = *ILS* 1010. *Mogontiacum.*

*M. FLAVIVS **** (Después del 135-136)
*M(arco) Fl[[auio(?) 3 c(larissimo)]] u(iro) / leg(ato) Au[[g(usti) pro praet(ore) prouinc(iae) Syr(iae)]] / Pala[[est(inae) 3 s]acer[doti Flaui]]ali(?) / patr(ono) [[3 ex dec(reto) dec(urionum) pec(unia) p]]ub(lica) / duou[[[ir 3]E[3]IS[3]RI[3]]] / [[3]OPO[3]I[3]]*
*AÉ* 2010, 1726 = *CIIP*, II, 1234. *Caesarea Maritima.*

*L. FVLVIVS L. F. GAVIVS NVMISIVS PETRONIVS AEMILIANVS* (2º cuarto del siglo II-después del 169)
*[L(ucio) Fuluio L(uci) f(ilio) Ouf(entina) Gauio N]umisio Pe[tr]on(io) Aemiliano / [c(larissimo) u(iro) praetori tutelar]io candidato Augg(ustorum) curatori / [r(ei) p(ublicae) col(oniae) Lugud(unensium) quaestor]i item ca[n]didato Au[g]ustorum / [pontif(ici) pro mag(istro) sodali F]lauiali [s]al{l}io Col[l]ino / [IIIuir(o) a(uro) a(rgento) a(ere) f(lando) f(eriundo) praef(ecto) f]eriar[u]m Latinar(um) IIIIIuir(o) / [turmae I equitum Roma]nor[u]m / [Lugudunenses patro]no*
*CIL* XIII, 1806 = *ILS* 1172. *Lugudunum.*

*soda]li Fl[auiali] / [3 pr(aetori?)] des(ignato) / [3 i]a V[*
*CIL* VI, 41095. *Roma.*

*C. IVLIVS AVITVS ALEXIANVS* (Mediados del siglo II-después del 217)
*Deo P[atrio] / Soli Ela[gabalo] / G(aius!) Iul(ius) Au[itus] / Alexi[anus] / soda[lis] / Titi[alis] / leg(atus) Au[g(usti) p(ro) p(raetore)] / prou(inciae) [Raet(iae)]*
*AÉ* 1962, 229. *Augusta Vindelicorum.*

*C(aio) Iulio [Auito Ale]/xiano [praef(ecto) coh(ortis) 3 Vlp(iae)] / Petraeo[r(um) trib(uno) leg(ionis) 3] / praef(ecto) eq(uitum) [al(ae) 3 proc(uratori)] / ad anno[nam Augg(ustorum) Ostiis] / c(uratori) u(eteranorum) prae[t(ori) sodali Titiali] / leg(ato) leg(ionis) III[I Fl(auiae) leg(ato) pro pr(aetore) pro]/uinciae [Raetiae co(n)s(uli) co]/miti Imp[p(eratorum) Seueri et Anto]/nini in B[ritannia praef(ecto)] / aliment[orum comiti Imp(eratoris)] / Antonin[i in Mesopotamia?] / praef(ecto) ali[ment(orum) II leg(ionis) pro pr(aetore)] prouin[ciae Dalmatiae] / procon[suli prou(inciae) Asiae?] / praesidi [clementissimo] / M(arcus) Auer[lius! 3] / trib(unus) coh(ortis) [I mil(liariae) Dalmatar(um?)] / Anto[ninianae*
*AÉ* 1963, 42, *Salona.*

*C. IVNIVS FAVSTINVS POSTVMIANVS* (2ª mitad del siglo II-después del 208)

*[C(aio) I]unio Faustino [Pl]a / [ci]do Postumian[o] c(larissimo) u(iro) / [c]o(n)s(uli) adlecto inter co[m]i / [t]es Augg(ustorum) nn(ostrorum) sacerdoti / [F]lauiali Titiali leg(ato) Augg(ustorum) / pr(o) pr(aetore) prouinciae M<oe = Y>si / ae inferior[is leg(ato)] Augg(ustorum) / pr(o) pr(aetore) prouinc[iae Be]l / gica[e leg(ato)] Augg(ustorum) pr(o) pr(aetore) / prouinciae Lus<i = E>ta / ni[ae leg(ato) Augg(ustorum) leg]ion[i]s [tri] / [ce]sima[e] V[lpiae Vic] / tricis Pi[ae Fi]delis iu / [r]idico p[e]r Aemili / am et Etruriam et Tus / ciam praetori kandi/[dato leg(ato) pr]ouinciae / [Africae dio]eceseos / [K]ar[tha]g(iniensis) [tri]buno pl[e]b / is candida[to qu]aestori / prouinc[iae Afric]ae(?) d[ec]em / uiro stlitibus iud[ic(andis)] / [pat]rono perpetuo / [*
*CIL* VIII, 597. *Mahjouba.*

*P. IVVENTIVS CELSVS T. AVFIDIVS HOENIVS SEVERIANVS* (Hacia los 70-después del 130)
*[P(ublio) Iu]uentio P(ubli) f(ilio) / [V]el(ina) Celso / [T(ito) Auf]idio Hoenio / [Seueria]no co(n)s(uli) sodali Ti / [tial(i)] / leg(ato) pro{c} pr(aetore) Imp(eratoris) Cae/[saris N]eruae Traiani Op[ti]/[mi Augusti Germ(anici)] D[ac(ici*
*AÉ* 1978, 292. *Sentinum.*

*M. METILIVS P.F. AQVILIVS REGVLVS NEPOS VOLVSIVS TORQVATVS FRONTO* (Comienzos de los años 20 del siglo II-después del 157)
*M(arco) Met[i]lio P(ubli) f(ilio) Cl(audia) Aquillio / Regulo Nepoti Volusio / Torqua[t]o Fronton[i] / co(n)s(uli) ex Ka[l(endis)] Ian(uariis) augur[i salio] / collino so[da]li Flauiali [praet(ori)] / quaestori [tri]umuiro m[onetali] / a(ere) a(rgento) a(uro) f(lando) f(eriundo) p[raef(ecto) feriar]um La[tinarum] [3]AD[*
*CIL* XIV, 2501 = ILS 1075. *Tusculum.*

*L. PLOTIVS C. F. SABINVS* (Comienzos del siglo II-después del 138)
*Dis Genitoribus / L(ucio) Plotio C(ai) f(ilio) Pol(lia) Sabino / praetori sodali Titiali / aedili cur(uli) seuiro eq(uitum) R(omanorum) / quaestori urb(ano) trib(uno) laticl(auio) / leg(ionis) I Miner(uiae) P(iae) F(idelis) Xuir(o) / stl(itibus) iudic(andis) habenti quoq(ue) / salutation(em) secundam / Imp(eratoris) Antonini Aug(usti) Pii / Sabinus praetor magna res Formis peri(i)t*
*CIL* VI, 31746 = 41111 = ILS 1078. *Roma.*

*Ex uisu deo / Epapho / Aureliano / L(ucius) Plotius Sabi/nus pr(aetor) desig(natus) / sodalis Titia/lis et Floren/tia Domitilla*
*AÉ* 1983, 142. *Tibur.*

*D(is) M(anibus) / L(ucio) Ploti(o) Liberali / ingenuo frumento / publico collactaneo / L(uci) Ploti Sabini / pr(aetoris) candidati / sodalis Titialis / Flauialis / posuit Florentia / Domitilla*
*CIL* VI, 41112. *Roma.*

*M. POMPEIVS SILVANVS STABERIVS FLAVINVS* (Hacia comienzos del *siglo I-83)*
*M(arco) [Po]mp[eio 3 Silu]ano St[aberio] Flauino / XVuiro s[acris fa]ciundis sodali A[ugustali sodali Flauiali] / Titiali co(n)s(uli) d[esignat(o) III proco(n)]s(uli) prouinciae [Africae III cur(atori) aquar(um) leg(ato) Aug(usti)] / pro pr(aetore) proui[nc(iae) Dalmatiae 3]LEG[3] / et legionis [3] / August[3] / T[*
*AÉ* 1979, 399 = 1952, 168. *Arelate.*

*L. POMPONIVS L. F. BASSVS CASCVS SCRIBONIANVS* (1ª mitad del siglo II)
*L(ucio) Pomponio L(uci) Bassi co(n)s(ulis) / et Torquatae filio / Horatia Basso Casco / Scriboniano co(n)s(uli) / auguri fetiali sodali / [Tit]iali praefecto urbis / [f]eriarum La[tin]arum*
*AÉ* 1973, 200 = 2000, 269. *Albanum.*

*Q.POMPONIVS MVNATIANVS CLODIANVS* (Siglo III)
*Q(uinto) Pomponio Munat[iano] / Clodiano cons(uli) XVuir(o) [s(acris) f(aciundis)] / praesidi prou(inciae) Baetic[ae] / sodali Titiali praet[ori] / curatori uiae Latina[e] / trib(uno) pleb(is) quaestori / [p]rouinciae Macedonia[e] / [Pompon]ii Marcellinus et Aprilis / [lib(erti) pat]rono praestantissim[o]*
*AÉ* 1974, 129. *Castel di Decima.*

*Q. POMPONIVS Q. F. RVFVS* (Hacia los años 50-después del 110)
*Q(uintus) Pomponius Rufus co(n)s(ul) pont(ifex) sodal(is) Fla(uialis) cur(ator) oper(um) publicor(um) leg(atus) Aug(usti) / pro pr(aetore) prouinc(iarum) [M]oesiae Dalmat(iae) Hisp(aniae) leg(atus) leg(ionis) V prae(fectus) orae marit(imae) Hispan(iae) citer(ioris) Gallia[e] / N[a]rbon(ensis) bello qu[od] Imp(erator) G[a]lba pro [re p(ublica)] gessit proco(n)s(ul) prouinc(iae) Africae per L(ucium) Asinium Ru[fum] / [leg(atum) p]ro [pr(aetore) 3]*
*CIL* VIII, 13 = IRT 537. *Lepcis Magna.*

*C. POMPONIVS RVFVS ACILIVS TVSCVS COELIVS SPARSVS* (Años 50-después del 113)
*]ius Coelius Sparsus co(n)s(ul) / proco(n)s(ul) pontifex sodalis / Flauialis cum Bassilla sua et / Q(uinto) Pomponio Ruf(f)o Marcello / leg(ato) pro pr(aetore) fil(io) s[uo] dedic(auit)*
ILAlg 1, 1282 = AE 1917/1918, 34. *Thubursicu Numidarum.*

*Trai]ano Aug[usto 3] / [3] p(atri) p(atriae) imp(eratori) VI[3] / [3]I pont(ifici) sod[3] / [3]scus coe[*
*CIL* VIII, 1777. *Lares.*

*[Iunoni Regi]nae [sacrum] / [pro salute Imp(eratoris) Neru]ae T[raiani Ca]esaris Au[g(usti) Germ(anici) Dac(ici) Optimi] / [pontif(icis) max(imi) trib(unicia) potestat(e)] XVII imp(eratoris) [VI co(n)s(ulis) VI p(atris) p(atriae)] / [C(aius) Pomponius 3 Rufus Acilius 3]V[3]us Coelius Sparsus pon[t(ifex) sodalis Flauialis proco(n)s(ul)] / [cum Q(uinto) Pomponio Marcello f(ilio) leg(ato)] pro [pr(aetore) co(n)s(ule) d]esig/(nato) sodal[e] Titio et C(aio) Pompo[nio 3 f(ilio) leg(ato) pro pr(aetore) dedic(auit)] / d(ecreto) d(ecurionum) p(ecunia) p(ublica)*
*ILAlg* 1, 1230 = *AÉ* 1909, 239. *Thubursicu Numidarum.*

*P. PORCIVS OPTATVS FLAMMA* (2ª mitad del siglo II-probablemente tras el 210)
*[P(ublio)] Porcio Optat[o] / Flammae c(larissimo) p(uero) fil(io) / [P(ubli)] Porci Optati Flamm[ae] / c(larissimi) u(iri) praetoris inter tribuni[cios] / adlecti quaestoris pro[uin] / ciae Baeticae sacerdot[io] / Flauiali Titiali iudicio dom[ini] / n(ostri) sanctissimi et fortissi[mi] / [I]mp(eratoris) Caes(aris) L(uci) Septimi Seuer[i Per] / tinacis Aug(usti) Pii exor[nati] / legati ab amplissimo s[enatu] / ad eundem dominum / [I]mp(eratorem) in Germaniam et [ad] / Antoninum Caes(arem) / [Im]p(eratorem) destinatum in Pannoni[am] / missi ob debitam pietat[em] / memoriae eius / C(aius) Volumnius Marcellus Ca[eci] / lianus eq(uo) publ(ico) exornat[us] / posuit*
*CIL* VIII,7062 = *ILS* 1143 = *ILAlg* 2, 648. *Cirta.*

*L. ROSCIVS AELIANVS PACVLVS SALVIVS RVFVS IVLIANVS* (4º cuarto del siglo II-después del 240)
*[3]C[3] / [3]is Aelia[n(o) 3] / [3]o Rufo Iulian[o] / [co(n)s(uli)] proco(n)s(uli) prou(inciae) / [Af]ric(ae) VIIuir(o) epul(onum) / [fet]iali sodali Flaui/[a]li Titiali / ex testamento / T(iti) Aemili T(iti) f(ilii) Pap(iria) / Saturnini*
*AÉ* 1952, 115. *Emerita.*

*M. STATIVS M. F. PRISCVS LICINIVS ITALICVS* (Hacia el 110-después del 164)
*[M(arco) Stati]o M(arci) f(ilio) Cl(audia) Prisco / [L]icinio Italico leg(ato) Augustorum / pr(o) pr(aetore) prou(inciae) Cappadociae leg(ato) Aug[g(ustorum)] /*

*pr(o) pr(aetore) prou(inciae) Brittanniae leg(ato) Aug[g(ustorum)] / pr(o) pr(aetore) prou(inciae) Moesiae super(ioris) curato[ri] / aluei Tiberis et cl(o)acarum urbis c[o(n)s(uli)] / leg(ato) Aug(usti) prou(inciae) Daciae leg(ato) leg(ionis) XIII G(eminae) P(iae) F(idelis) leg(ato) leg(ionis) / [X]IIII Gem(inae) Martiae Victricis sacerdoti Titiali / [Fl]auiali pr(aetori) inter ciues et peregrinos tr(ibuno) pl(ebis) quaes[t(ori)] / proc(uratori) Aug(usti) XX hereditatium prou(inciarum) Narbone(n)s(is) et Aquita[n(iae)] / [p]r(aefecto) eq(uitum) alae I pr(aetoriae) c(iuium) R(omanorum) trib(uno) mil(itum) leg(ionis) I Adiutr(icis) P(iae) F(idelis) et leg(ionis) X G(eminae) P(iae) [F(idelis)] / [e]t leg(ionis) [III] Gallicae praef(ecto) coh(ortis) IIII Lingonum uexillo mi[liti] / [d]onato a diuo Hadriano in expeditione Iudaic[a] / Q(uintus) Cassius Domitius Palumbus*
*CIL* VI,1523 = *ILS* 1092. *Roma.*

*M. VLPIVS TRAIANVS* (Hacia los años 20-poco después del 100)

*[Aus]pic[iis Imp(eratoris) T(iti)] Caesa[ris d]iui Vespa[sia]ni f(ili) Vespa[siani Aug(usti) pont(ificis) max(imi) trib(unicia) pot(estate) IX imp(eratoris) XV co(n)s(ulis) VIII censoris p(atris) p(atriae) per M(arcum) Vlp]ium Traianum co(n)s(ulem) leg(atum) A[ug(usti) leg(ionis) X fretensis bello Iudaico] et prouinciae Syriae proco(n)s(ulem) Asiae et Hispaniae Baeticae XVuir(um) [s(acris) f(aciundis) sod]alem Flauiallem(!) triumphalibus orn[a]men[t]is ex s(enatus) c(onsulto) / [cu]m amplius in eo creuit [aqua nymphaeum dedicatum est]*
*ILS* 8970 = *AÉ* 1999, 1576 = 2000,1425. *Miletus.*

## 2. Kalatores

*L. ALFIVS DIOGENES*
*]afri [3] / L(ucius) Alfius Dioge[nes / kalator T[itial(ium Flauilium)] Ves[3] o Kalator T[iti Caes(aris)] Ves[pasiani]*
*CIL* VI, 2190. *Roma.*

*Q. CEACILIVS FEROCI*
*Somno Orestilla filia // Q(uinto) Caecilio / Feroci / kalatori sacerdotii / Titialium Flauialium / studioso / eloquentiae / uixit annis XV / mense I diebus XXIIII / filio opt<i = V>mo ac / reuerentissimo / M(arcus) Gauius Charinus // Fatis Caecilius Ferox filius*
*CIL* VI, 2188. *Roma.*

## 3. Esclavos públicos de los *Sodales Flaviales Titiales*

*Dis Manib(us) / Abascanto / publico Aug(usti) / Zosimus / Silian(us) public(us) / sodal(ium) Flauial(ium) et / Accaea Rhodine / patrono optimo / fecerunt*
*CIL* VI, 37177 = *AÉ* 1912, 222. *Roma.*

*Accaeae Rhodine / Zosimus Silia(nus) public(us) / sodal(ium) Flauial(ium) co(n)iugi / optimae fecit et sibi / posterisque suis*
*CIL* VI, 37178. *Roma.*

*D(is) M(anibus) / Epigoni publ(ici) / sodalium / Flauialium / Crescens et / Abascantus / collegae eius / b(ene) m(erenti)*
*CIL* VI, 33084. *Roma.*

## 4. Actas atribuidas a los *sodales Flaviales Titiales*

*] / Praesente II et Condiano co(n)s(ulibus) [a(nno) p(ost) R(omam) c(onditam) DCCCCXXII 3] / P(ublius) Martius Verus [cooptatus] / Imp(eratore) Commodo VI et Petronio Septimiano co(n)s(ulibus) a(nno) p(ost) R(omam) c(onditam) DCCCCXLI[I] / Id(ibus) Oct(obribus) in palatio in aede Iouis Propugnatoris in locum P(ubli) Marti Veri / L(ucius) Attidius Cornelianus cooptatus / Saturnino et Gallo co(n)s(ulibus) a(nno) p(ost) R(omam) c(onditam) DCCCCL pr(idie) Id(us) Dec(embres) / in palatio in aede Iouis Propugnatoris in locum / Attidi Corneliani uita functi C(aius) Cl(audius) Paternus / cooptatus / Ti(berio) Claudio Seuero C(aio) Aufidio Victorino co(n)s(ulibus) a(nno) p(ost) R(omam) c(onditam) DCCCCLII / IIII Id(us) Apr(iles) in palatio in aede Iouis Propugnatoris / in locum Claudi Paterni uita functi / [Q(uintus)] Atrius Clonius cooptatus / [3 in palatio] in aed(e) Iou(is) Propugn(atoris) ex litteris / [*
*CIL* VI, 2004. *Roma.*

*]IA[3] / [3] Pi[3] / [3]I[*
*CIL* VI, 2005. *Roma.*

*]ES[3] / [3]os [3] / [3]IMI[3] / [3]no Aug(usto) Pio S[3] / [3]IEN[*
*CIL* VI, 2006. *Roma.*

*]RIB[3] / [6] / [3]IT[*
*CIL* VI, 2007. *Roma.*

*] cooptat(us) in lo[cum 3] / [3 co(n)s(ulibus) a(nno) p(ost)] R(omam) c(onditam) DCCCC[3] / [3 in palatio in aede Io]uis Pr[opugnatoris 3] / [cooptatus in locum*
*CIL* VI, 2008. *Roma.*

*] / [Laterano et Rufino co(n)s(ulibus)] / [a(nno) p(ost) R(omam) c(onditam) DCCCCXLVIIII ] / [in palatio in aede Iouis Propugnatoris ex s(enatus) c(onsulto)] / [M(arcum) Aurelium] Antoninum Caes(arem) Imp(eratorem) [destinatum] / [cooptauerunt] supra [numerum] / [Praese]nte et Extricato II co(n)s(ulibus) a(nno) p(ost) R(omam) c(onditam) DC[CCCLXIX 3 Maias] / [in pal]atio in aede Iouis Pro[pugnatoris ex s(enatus) c(onsulto)] / [Imp(eratorem) Caes(arem)] [[[M(arcum Opellium Seuerum Macrinum]]] [Pium Fel(icem) Aug(ustum) pont(ificem) max(imum)] / [trib(unicia) pot(estate)] [[[p(atrem) p(atriae) proco(n)s(ulem) cooptauerunt]]] [et] / [M(arcum) Opellium) [[[Antoninum Diadumenianum]]] [nobilissimum Caesarem] / [principem] [[[iuuentutis supra numerum]]] [cooptauerunt] / Imp(eratore) Caes(are) M(arco) Aurel{l}io [[Antonino]] Pio Fe[l(ice) Aug(usto) et Oclatinio] / Aduento co(n)s(ulibus) a(nno) p(ost) R(omam) c(onditam) DCCCCLXX pr(idie) I[d(us) Iul(ias) in palatio in aede Iouis] / Propugnatoris ex s(enatus) [c(onsulto)] / [I]mperatorem Caes(arem) M(arcum) Aurel{l}ium [[[Antoninum]]] Pium F[el(icem) Aug(ustum) pont(ificem) max(imum)] / [tr]ib(unicia) pot(estate) co(n)s(ulem) p(atrem) p(atriae) proco(n)s(ulem) co[optauerunt] / [G]rato et Seleuco co(n)s(ulibus) a(nno) p(ost) R(omam) c(onditam) DCCC[CLXXIII VI Id(us) Apr(iles)] / [in ae]d(e) Iouis Propugnatoris [ex s(enatus) c(onsulto)] / [M(arcum) Aurel{l}ium [[[Alexandrum]]]]*

*nobilissimum Caes(arem) [supra num(erum) cooptauerunt] / Cn(aeo) [3 Se]uero et Ti(berio) Claudio Quintiano c[o(n)s(ulibus) a(nno) p(ost) R(omam) c(onditam) DCCCCLXXXVII K(alendis) Apr(ilibus)] / in [palat]io in aede Iouis Propugnatoris ex [s(enatus) c(onsulto)] / Imp(eratorem) Caes(arem) [[[C(aium) Iulium Verum Maximinum]]] Pium [Felicem Aug(ustum) pont(ificem) max(imum)] / trib(unicia) pot(estate) [p(atrem) p(atriae) p]roco(n)s(ulem) cooptaueru[nt] / [[[Imp(eratore) Caes(are) C(aio) Iul(io) Maximino)]] A]ug(usto) et Pupienio Africano c[o(n)s(ulibus) a(nno) p(ost) R(omam) c(onditam) DCCCCLXXXVIII] / [in palatio in aede Io]uis Propugnatoris [ex s(enatus) c(onsulto)] / [C(aium) Iul(ium) Verum Maximum] [[[Germ(anicum) princ(ipem)]]] iuuentutis [supra num(erum) cooptauerunt] / [3 Pio et Pro]culo Pontian[o co(n)s(ulibus) a(nno) p(ost) R(omam) c(onditam) DCCCCLXXXX 3 Mart(ias)] / [in palat]io in aede Iou[is Propugnatoris ex s(enatus) c(onsulto)] / [*
*CIL* VI, 2009. *Roma.*

## 5. Pontifices Flaviales de época Constantiniana

*L. ARADIVS VALERIVS PROCVLVS* (último cuarto del siglo III-después del 352).
*Populonii // L(ucio) Aradio Val(erio) Proculo u(iro) c(larissimo) / auguri / pontifici maiori / quindecemuiro sacris faciundis / pontifici Flauiali / praetori tutelari / legato pro praetore prouinciae Numidiae / peraequatori census prouinciae Calleciae / praesidi prouinciae Byzacenae / consulari prouinciae Europae et Thraciae / consulari prouinciae Siciliae / comiti ordinis secundi / comiti ordinis primi / proconsuli prouinciae Africae uice / sacra iudicanti eidemq(ue) iudicio sacro / per prouincias proconsularem et Numidiam Byzacium ac Tripolim / itemque Mauretaniam Sitifensem et Caesariensem / perfuncto officio praefecturae praetorio / comiti iterum ordinis primi intra palatium / praefecto urbi uice sacra iterum iudicanti / consuli ordinario / huic corpus suariorum et confecturariorum / auctoribus patronis ex affectu eidem iure debito / statuam patrono digno ponendam censuit*
*CIL* VI, 1690 = ILS 1240. *Roma.*

*Lucio Aradio [Proculo u(iro) c(larissimo)] / auguri [3] / pontifici maior[i 3] / quindecemuiro [sacris faciundis] / pontifici Flau[iali 3] / praetori tut[elari 3]/legato pro pr[aetore prou(inciae) Numidiae] / [pe]raeq[uatori census prouinciae Galleciae] / [*
*CIL* VI, 1694. *Roma.*

*[Matri deum Magnae Idaeae et] Atti / [L(ucius) Aradius Valerius Proculus u(ir) c(larissimus) augur] pont(ifex) mai(or) XV(uir) s(acris) f(aciundis) / [pontifex Flauialis praetor tutelaris leg(atus)] pro praet(ore) prou(inciae) Numid(iae) / [peraequator census p]rou(inciae) Gallae[c(iae) p]raes(es) prou(inciae) B<y = I>zac(enae) consular(is) / [prou(inciae) Europae consula]r(is) prou(inciae) T(h)rac(iae) consular(is) prou(inciae) Sicil(iae) com(es) / [ordinis sec(undi) et pri]m(i) procons(ul) prou(inciae) Afr(icae) agens iudicio sacro / [pe]r prouincias Africana[s] / [porticum templi(?) ab ut]roq(ue) latere [re]stituit D[3] / [curante(?) 3] C(ai) filio [Karth]aginie[ns.*
*CIL* VIII, 24521. *Carthago.*

*C. MATRINIO AVRELIO ANTONINO*
*C(aio) Matrinio Aurellio / C(ai) f(ilio) Antonino u(iro) p(erfectissimo) / coronato Tusc(iae) et Vmb(riae) / pont(ifici) gentis Flauiae / abundantissimi muneris sed et /*

*praecipuae laetitiae theatralis editori / aedili quaestori duumuiro / iterum q(uin)q(uennali) i(ure) d(icundo) huius splendissimae / coloniae curatori r(ei) p(ublicae) eiusdem / colon(iae) et primo principali ob meritum / beneuolentiae eius erga se / [ple]bs omnis urbana Flauiae / Constantis patrono / dignissimo*
*CIL* XI, 5283. *Hispellum.*

## 6. Rescripto de *Hispellvm*

*E(xemplum) s(acri) r(escripti) / Imp(erator) Caes(ar) Fl(auius) Constantinus / Max(imus) Germ(anicus) Sarm(aticus) Got(hicus) Victor / triump(hator) Aug(ustus) et Fl(auius) Constantinus / et Fl(auius) Iul(ius) Constantius et Fl(auius) / Constans / omnia quidem quae humani gene / ris societate(m) tuentur peruigilium cu / ra<rum = E> cogitatione conplectimur sed pro / uisionum nostrarum opus maximu<m = S> / est ut uniuersae urbes quas in luminibus prouin / ciarum {h}ac regionum omnium species et forma dis / tinguit{ur} non modo dignitate(m) pristinam teneant / sed etiam ad meliorem statum beneficentiae nos / trae munere pro<u = B>ehantur cum igitur ita uos Tusci / ae adsereretis esse coniunctos ut in{i}stituto / consuetudinis priscae per singulas annorum ui / ces a uobis [a]dque praedictis sacerdotes creentur / qui aput Vulsinios Tusciae ciuitate(m) ludos / sc{h}(a)enicos et gladiatorum munus exhibeant / sed propter ardua montium et difficultates iti / nerum saltuosa(s) i<m = N>pendio posceretis ut indulto / remedio sacerdoti uestro ob editiones cele / brandas Vulsinios pergere necesse non esset / scilicet ut ciuitati cui nunc Hispellum nomen / est quamque Flaminiae uiae confinem adque con / tinuam esse memoratis de nostro cognomine / nomen daremus in qua templum Flauiae gentis / opere magnifico nimirum pro amplitudine{m} / nuncupationis exsurgere(t) ibidemque {h}is / sacerdos quem anniuersaria uice Vmbria de / disset spectaculum tam sc(a)enicorum ludorum/ quam gladiatorii muneris exhibere(t) manente / per Tuscia(m) ea consuetudine ut indidem cre / atus sacerdos aput Vulsinios ut solebat / editionum antedictarum spectacula fre / quentare(t) pr{a}ecationi {h}ac desiderio uestro / facilis accessit noster adsensus nam ciui / tati Hispello aeternum uocabulum nomenq(ue) / uenerandum de nostra nuncipatione conces / simus scilicet ut in posterum praedicta urbs / Flauia Constans uocetur in cuius gremio / aedem quoque Flauiae hoc est nostrae gen / tis ut desideratis magnifico opere per<f = E>ici / uolumus ea obseruatione perscripta ne ae / dis nostro nomini dedicata cuiusquam con / tagios(a)e superstitionis fraudibus polluatur / consequenter etiam editionum in prae / dicta ciuitate exhibend<a = O>rum uobis/licentiam dedimus scilicet ut sicuti / dictum est per uices temporis sollem / nitas editionum Vulsinios quoque non de / serat ubi creati(s) e Tuscia sacerdotibus memo / rata celebrita exhibenda est ita quippe nec / ueteribus institutis plurimum uidebitur / derogatum et uos qui ob praedictas causas / nobis supplices extitistis ea quae i<m = N>pen / dio postulastis impetrata esse gaude / bitis*
*CIL* XI, 5265. *Hispellum.*

## 7. Varia

*]C[3] / [3 s]odal(is) T[itialis(?)*
*CIL* VI, 32436a. *Roma.*

*] / [sodaliu]m Flaui[alium Titialium] / [p(ost) R(omam) c(onditam) an(no)] DCC[C*
*CIL* XIV, 2397 = *CIL* VI, 1989. *Castrimoenium.*

# Anexo II: Imágenes.

Img. 1. Epígrafe votivo deA. Didius Gallus Fabricius Veiento. Reproducida con permiso del Prof. Kresimir Matijevic
*CIL* XIII, 7253 = *ILS* 1010.

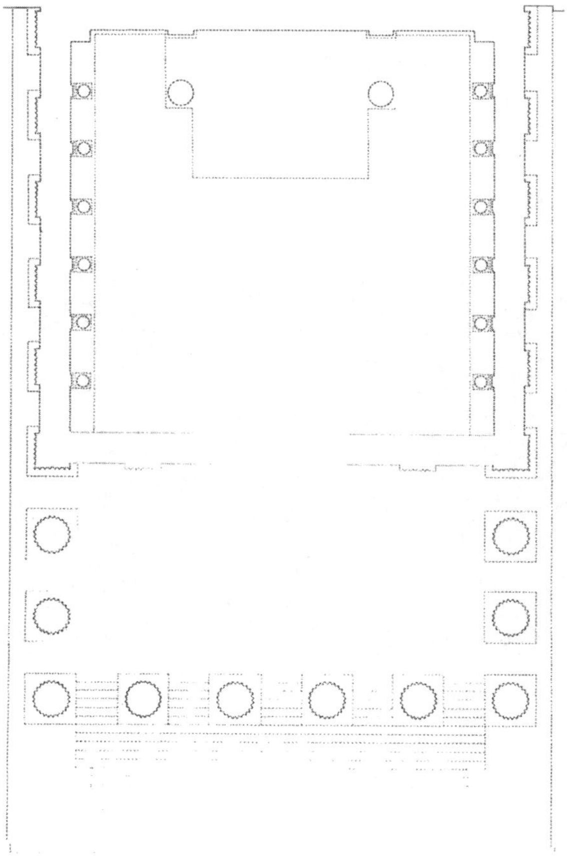

Img. 2 Planta del Templum diui Vespasiani. Reproducida con permiso del Prof. Stefano De Angeli. (DE ANGELI 1992, 124).

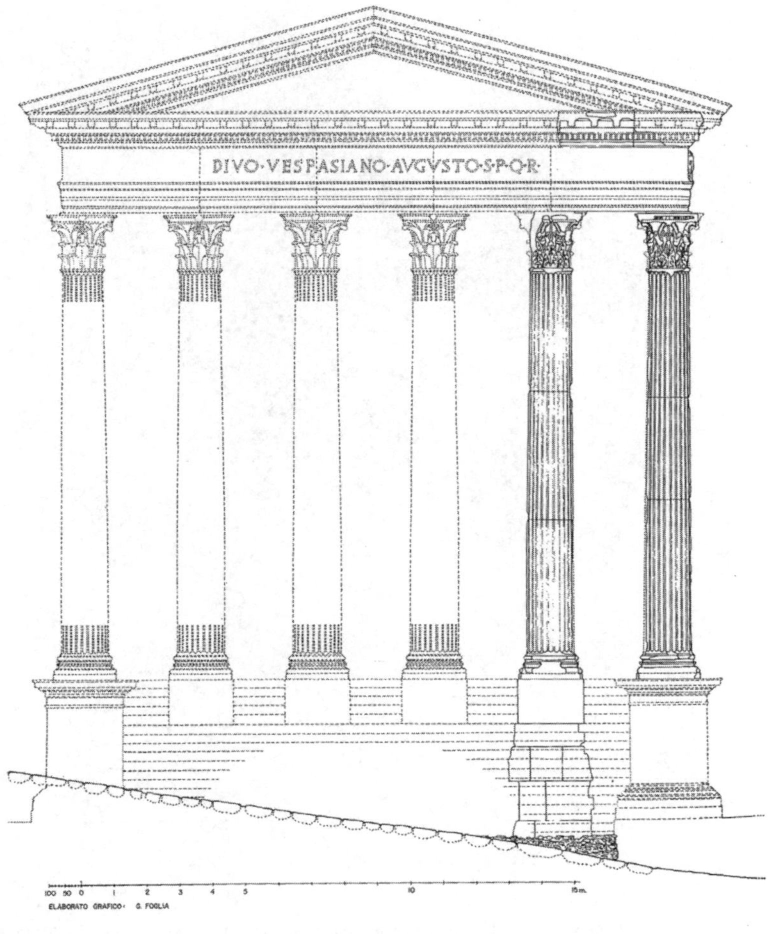


Img. 3. Reconstrucción del alzado del Templum diui Vespasiani en época de Domiciano. Reproducida con permiso del Prof. Stefano De Angeli. (DE ANGELI 1992, 126).

Img. 4. Restos de la Forma Urbis Romae identificados con la Porticus Diuorum. Reproducida con permiso del Antiquarium Comunale y de los Musei Capitolini, Roma (CARETTONI, 1960, tav. XXXVI).

Img. 5. Fragmentos de la Forma Urbis Romae mostrando la estructura tetrástila de la Porticus Diuorum. FUR 35ab. Reproducidos con permiso del Antiquarium Comunale y de los Musei Capitolini, Roma, y del Prof. Marc Levoy. (http://formaurbis.stanford.edu/fragment.php?record=1&field0=all&search0=35a&op0=and&field1=all Consultado el 30/06/2014 13:18)

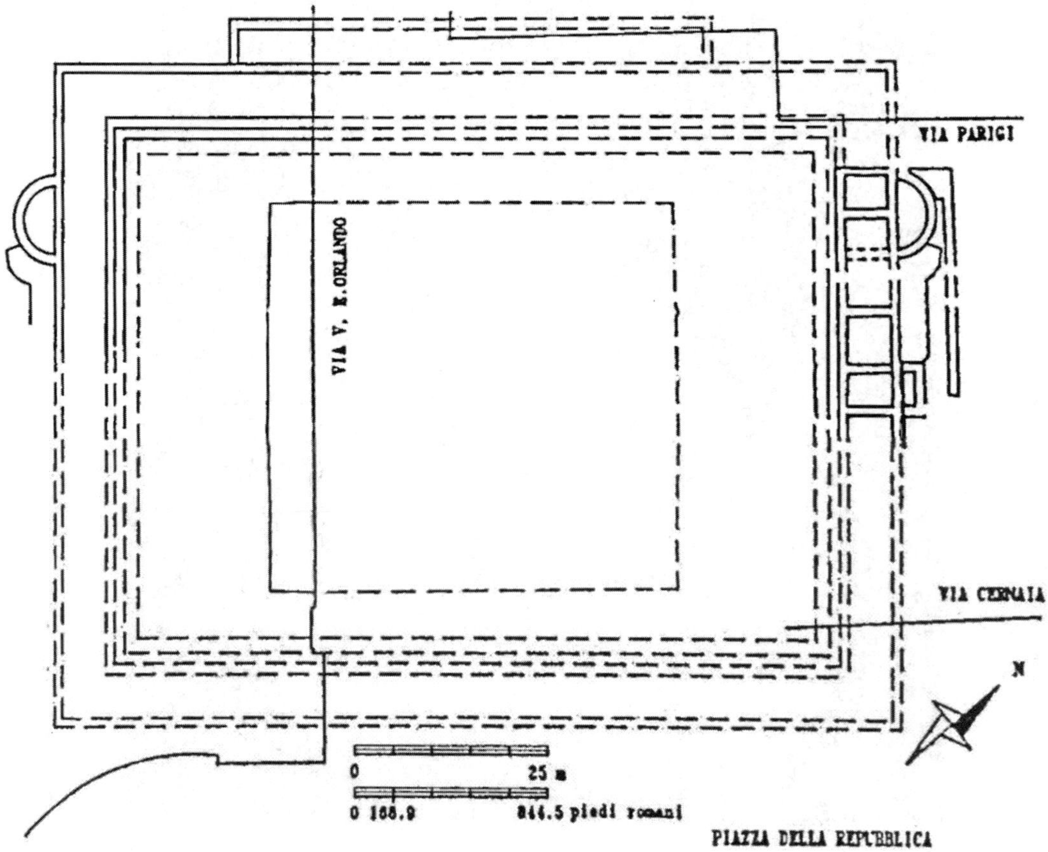


Img. 6. Planta de los restos de la estructura monumental identificada con el Templum Gentis Flauiae. Reproducida con el permiso de la Prof. Daniela Candilio (CANDILIO, 1990-1991).

Img. 7. Moneda BMC 406*, identificada por Torelli como el Templum Gentis Flauiae. Fotografía Inv.No. 4266 de la Fototeca dell'Unione Collection. Reproducida con permiso de la American Academy in Rome.

Img. 8. Flamen de los relieves Hartwig, identificados como restos del Templum Gentis Flauiae. Reproducido con permiso del Ministero dei beni e delle attività culturali e del turismo - Soprintendenza Speciale per il Colosseo, il Museo Nazionale Romano e l'Area archeologica di Roma. (foto del autor).

Img. 9. Decoración de instrumentos sacrales del Templum Diui Vespasiani, entre ellos el *albogalerus.* Reproducida con permiso del Ministero dei beni e delle attività culturali e del turismo - Soprintendenza Speciale per il Colosseo, il Museo Nazionale Romano e l'Area archeologica di Roma. (foto del autor).

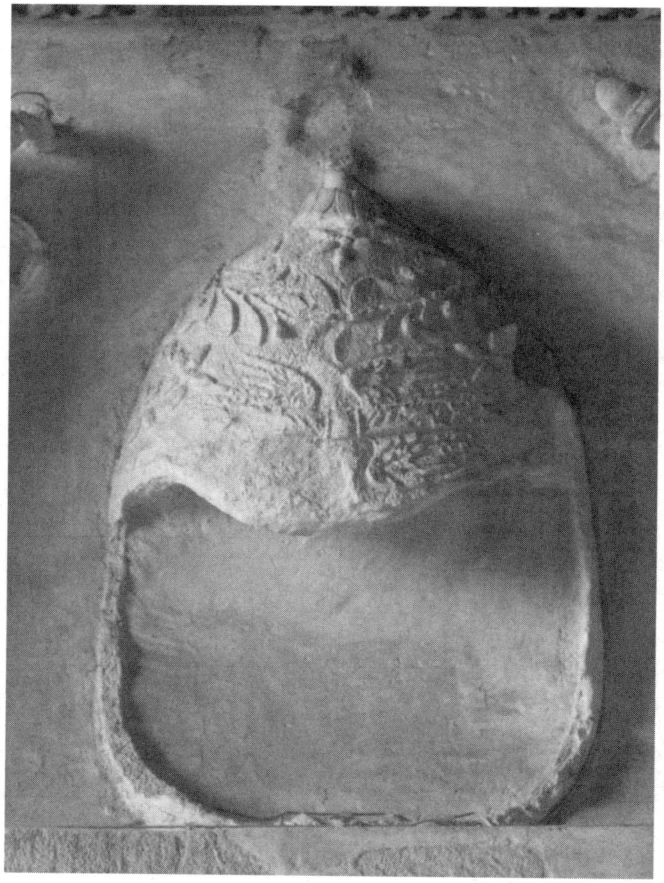

Img. 10. Detalle del *albogalerus* de la decoración del Templum diui Vespasiani conservado en la Galleria del Tabularium de los Musei Capitolini (inv.MC 1918/S). Reproducido con permiso del Antiquarium Comunale y de los Musei Capitolini, Roma (foto del autor).

# Bibliografía


AHL, F. M. (1976), *Lucan. An Introduction*, London.

ALFÖLDY, G. (1966), *Notes sur la relation entre le droit de cité et la nomenclature dans l'Empire romain,* in *Latomus* 25, p. 35-57.

- (1998), *Traianus pater und die Bauinschrift des Nymphäums von Milet*, in *REA* 100.3-4, p. 367-399.

ARATA, F. P. (2010), *Osservazioni sulla topografía sacra dell'Arx Capitolina,* in *MEFR(A)* 122.1, p. 117-146.

ARCE, J. (1988), *Funus Imperatorum: los funerales de los emperadores romanos*, Madrid.

ARCE, J. / SÁNCHEZ-PALENCIA, F. J. / MAR, R. (1989), *Monumento junto al arco de Tito en el Foro Romano (Campaña de abril de 1989),* in *AEspA* 62, p. 307-315.

AURBION, E. (1990), *L'historien Tacite face à l'évolution des jeux et des autres spectacles,* in J. BLÄNSDORF (ed.), *Theater und Gesellschaft im Imperium Romanum*, Tübingen, p. 197-211.

BALDASSARRE, I. (1985), *Problemi archeologici,* in E. POZZI (ed.), *Napoli Antica*, Napoli, p. 122-132.

BARZANÒ, A. (1982), *Domiziano e il Bellum Capitolinum*, in *RIL* 116, p. 11-20.

- (1993), *Il topos dell'omen imperii nella storiografia di età imperiale*, in M. SORDI (ed.), *La profezia nel mondo antico*, *CISA* 19, p. 261-273.

BEAN, G. E. / MITFORD, T. B. (1970), *Journeys in Rough Cilicia, 1964-1968*, Köln.

BEURLIER, E. (1890), *Le culte rendu aux empereurs romains*, Paris.

BLANCKENHAGEN, P. H. (1940), *Flavische Architektur und ihre Dekoration untersucht am Nervaforum*, Berlin.

BOLTON, J. D. P. (1948), *Was the Neronia a Freak Festival?,* in *CQ* 42, p. 82-90.

BOWERSOCK, G. W. (1965), *Augustus and the Greek World*, Oxford.

BOYLE, A. J. (2003), *Introduction* in A. J. BOYLE / W. J. DOMINIK (eds.), *Flavian Rome: Culture, Image, Text*, Boston, p. 1-67.

BURRELL, B. (2004), *Neokoroi: Greek Cities and Roman Emperors*, Leiden.

BUTTREY, T. V. (1975), *Domitians Perpetual Censorship and the Numismatic Evidence*, in *CJ* 71, p. 26-34.

BUZZETI, C.(1989), *Odeon di Domiziano. Nota su alcune vecchie scoperte*, in *Boll. Union St. Arte* 32, p. 27-30.

CAGNAT, R. (1911), art. *Sodales Augustales*, in DAREMBERG / SAGLIO (eds.), *DA*, Paris, p. 1371-1372.

CALDELLI, M. L. (1993), *L'Agon Capitolinus. Storia e protagonisti dall'instituzione domizianea al IV secolo*, Roma.

CANDILIO, D. (1990-1991), *Indagini archeologiche nell'aula ottagona delle Terme di Diocleziano,* in *NSc* 1990-1991, p. 165-183.

CARETTONI, G. *et al.* (1960), *La pianta marmorea di Roma Antica: Forma Urbis Romae,* Roma.

CARRADICE, I. (1982), *A Catalogue of Roman Coins, Augustus to Commodus, in the Collections of the Royal Scottish Museum*, Edimburg.

CAVALLARO, M. A. (1984), *Spese e spettacoli. Aspetti economici-strutturali degli spettacoli nella Roma giulio-claudia*, Bonn.

CHARLESWORTH, M. P. (1937), *The Virtues of a Roman Emperor. Propaganda and the Creation of Belief,* in *PBA* 23, p. 105-133.
CIANCIO ROSSETTO, P. (1979), *Il Circo Massimo*, in S. QUILICI GIGLI (ed.), *Quas. AEI Arch. Laz.* 2, p. 78-81.
- (1986), *Circo Massimo. Il Circo Cesariano e l'arco di Tito*, in S. QUILICI GIGLI (ed.), *Quas. AEI Arch. Laz.* 8, p. 39-46.
COARELLI, F. (1980), *Roma*, Bari.
- (1995a), art. *Diuorum, Porticus, Templum*, in E. M. STEINBY (ed.), *LTUR* 2, Roma, p. 19-20.
- (1995b), art. *Gens Flauia, templum*, in E. M. STEINBY (ed.), *LTUR* 2, Roma, p. 368-369.
- (1996), art. *Stator, aedes, fanum, templum*, in E. M. STEINBY (ed.), *LTUR* 3, Roma, p. 155-157.
- (2009), *I Flavi e Roma*, in F. COARELLI (ed.), *Diuus Vespasianus*, Roma, p. 68-97.
COLINI, A. M. (1943), *Stadium Domitiani*, Roma.
-(1978), *Lo stadio di Domiziano*, in I. MONTANELLI *et al.* (eds.), *Piazza Navona*, Roma, p. 1-17.
CROOK, J. A. (1955), *Consilium Principis, Imperial Councils and Counsellors from Augustus to Diocletian,* Cambridge.
DABROWA, E. (1996), *The Origin of the Templum Gentis Flauiae: A Hypothesis*, in *MAAR* 41, p. 153-161.
DALTROP, G. / HAUSMANN, U. / WEGNER, M. (1966) *Die Flavier: Vespasian, Titus, Domitian Nerva, Julia Titi, Domitilla, Domitia,* Berlin.
DARWALL-SMITH, R. H. (1996), *Emperors and Architecture: A Study of Flavian Rome*, Bruxelles.
DE ANGELI, S. (1992), *Templum Diui Vespasiani*, Roma.
- (1999), art. *Vespasianus, Diuus, Templum,* in E. M. STEINBY (ed.), *LTUR* 5, Roma, p. 124-125.
DE CAPRARIIS, F. (1996), art. *Minerua Chalcidica, templum*, in E. M.STEINBY (ed.), *LTUR* 3, Roma, p. 255.
DEGRASSI, A. (1952), *IFasti consolari dell'Impero romano dal 30 avanti Cristo al 613 dopo Cristo*, Roma.
- (1962), *Un nuovo diploma militare e i consoli dell anno 80 d. Cr.*, in *Scritti vari di Antichità* 1, Roma, p. 583-591.
DE RUGGIERO, E. (1921), *La patria nel diritto pubblico romano*, Roma.
- (1922), art. *Flauiales,* in *Dizionario epigrafico di antichità romane* III, Roma, p. 160.
DESSAU, H. (1877), *De sodalibus et flaminibus Augustalibus ad summos in philosophia honores*, Berlin.
DUPRÉ I RAVENTÓS, X. (1990), *Un gran complejo provincial de época flavia en Tarragona: aspectos cronológicos*, in W. TRILLMICH / P. ZANKER (eds.), *Stadtbild und Ideologie. Die Monumentalisierung hispanischer Städte zwischen Republik und Kaiserzeit*, München, p. 319-324.
ECK, W. (1972), *M. Pompeius Siluanus, consul designatus tertium: Ein Vertrauter Vespasians und Domitians,* in *ZPE* 9, p. 259-276.
ESCÁMEZ, D. M. (2012a), *El templo de Júpiter Óptimo Máximo y su identificación con la supervivencia del Imperio: justificación religiosa de la dinastía Flavia en Roma,* in J. M. ALDEA / P. ORTEGA / I. PÉREZ / Mª. R. DE SOTO (eds.), *Historia, Identidad y Alteridad*,Salamanca, p. 763-784.
- (2012b), *Tito Flavio Vespasiano y Júpiter óptimo Máximo: la justificación propagandístico-religiosa de una nueva dinastía imperial en Roma,* in *ETF(hist)* 25, p. 437-462.

- (2013), *El templo de Júpiter Óptimo Máximo en la propaganda augústea*, in J. M. ALDEA CELADA / C. LÓPEZ SAN SEGUNDO / P. ORTEGA MARTÍNEZ / Mª. R. DE SOTO GARCÍA / F. J. JOSÉ VICENTE SANTOS (eds.), *Los Lugares de la Historia*, Salamanca, p. 951-972.

- (2014), *Júpiter Óptimo Máximo en la propaganda de Augusto y Vespasiano: justificación religiosa de dos fundadores dinásticos*, in *Antesteria* 3, p. 189-207.

FEARS, J. R. (1977), *Princeps a diis electus: The Divine Election of the Emperor as a Political Concept in Rome. Papers and Monographs of American Academy in Rome* 26, Roma.

- (1981), *The Cult of Iuppiter and Roman Imperial Ideology*, in *ANRW* II.17.1, p. 3-141.

FERNÁNDEZ-ARDANAZ S. / GONZÁLEZ FERNÁNDEZ, R. (2005), *El fiscus iudaicus y las posiciones políticas de los cristianos de Roma bajo Domiciano*, in *Gerión* 23.1, p. 219-232.

FERNÁNDEZ UBIÑA, J. (2012), *Paz y consenso en la política de Constantino*, in J. M. JIMÉNEZ ARENAS / F. A. MUÑOZ MUÑOZ (eds.), *La Paz, partera de la Historia*, Granada, p. 99-128.

FISHWICK, D. (1965), *Vae Puto Deus Fio*, in *CQ* 15.1, p. 155-157.

- (1991-2004), *The Imperial Cult in the Latin West*, I.1 - III.3, Leiden.

- (2009), *Il culto imperiale*, in F. COARELLI (ed.), *Diuus Vespasianus*, Roma, p. 344-347.

FRIESEN, S. J. (1993), *Twice Neokoros: Ephesus, Asia and the Cult of the Flavian Imperial Family*, Leiden.

GABELMANN, H. (1969), *Altäre im Kapitol von Brescia*, in *MDAI(R)*76, p. 219-238.

GARZETTI, A. (1960), *L'impero da Tiberio agli Antonini*, Bologna.

GASCOU, J. (1967), *Le rescrit d'Hispellum*, in *MEFR(A)*79, p. 609-659.

- (1984), *Suétone historien*, Roma.

GAYRAUD, M. (1981), *Narbonne antique des origines à la fin du IIIe siècle*, *RAN suppl.* 8, Paris.

GAZDA, E. K. (1996a), *Discovery, Dispersion, Detection, Reunion. The Hartwig-Kelsey Fragments between Rome and Ann Arbor*, in E. KGAZDA / A. E. HAECKL (eds.), *Images of the Empire. Flavian Fragments in Rome and Ann Arbor Rejoined*, Ann Arbor, p. 4-10.

- (1996b), *The Domitianic Marble Fragments and the Formation of the Kelsey Museum*, in E. K.GAZDA / A. E. HAECKL (eds.), *Images of the Empire. Flavian Fragments in Rome and Ann Arbor Rejoined*, Ann Arbor, p. 59-60.

GIOBBE, C. (2013), *Roman Temples in Rough Cilicia: a Diachronic Analysis*, in M. C. HOFF / F. RHYS (eds.), *Rough Cilicia. New Historical and Achaeological Approaches*, Oxford, p. 128-143.

GONZÁLEZ, J. (1999), *Tacitus, Germanicus, Piso and the Tabula Siarensis*, in *AJPh* 120, 1, p. 132-142.

GOUDINEAU, C. (1998), *Regards sur la Gaule*, Paris.

GRACCO RUGGINI, L. (1981), *L'imperatore, il Serapeo e i filosofi*, in *CISA* 7, Milano, p. 183-212.

GRADEL, I. (2002), *Emperor Worship and Roman Religion*, Oxford.

GRAINDOR, P. (1922), *Chronologie des archontes athéniens sous l'empire*, Bruxelles.

GUARDUCCI, M. (1982), *Una nuova officina di lucernette romane: gli Aeoli*, in *MDAI(R)* 89, p. 103-131.

- (1986), *Nuove osservazioni sulle lucernette degli Aeoli*, in *MDAI(R)* 93, p. 301-303.

HABEREY, W. (1960), *Römische Brandgräbergruppe an der Ecke Adolfstraße*, in *BJb* 160, p. 285-300.

HAECKL, A. E. (1996a), *Dynasty, Religion, Topography, Architecture. The Roman Contexts of the Templum Gentis Flauiae*, in E. K. GAZDA / A. E. HAECKL (eds.), *Images of the Empire. Flavian Fragments in Rome and Ann Arbor Rejoined*, Ann Arbor, p. 11-25.

- (1996b), *Fragment >< Image. The Hartwig-Kelsey Fragments Rejoined*, in E. K. GAZDA / A. E. HAECKL (eds.), *Images of the Empire. Flavian Fragments in Rome and Ann Arbor Rejoined*, Ann Arbor, p. 26-33.

HILL, P. V. (1989), *The Monuments of Ancient Rome as Coin Types*, London.

HOFFMAN-LEWIS, M. W. (1955), *The Official Priests of Rome under the Julio-ClaudiansA Study of the Nobility from 44 B.C. to 68*, Roma.

HÖLSCHER, T. (2009), *Relievi provenienti da monumenti statali del templo dei Flavi,* in F. COARELLI (ed.), *Diuus Vespasianus*, Roma, p. 46-61.

HUIZINGA, J. (1973), *Homo ludens*, Torino.

HUMPHREY, J. H. (1986), *Roman Circuses. Arenas for Chariot Racing*, London.

JACOBO PÉREZ,A. (2003), *Auctoritas et maiestas. Historia, programa dinástico e iconografía en la moneda de Vespasiano*, Alicante.

JACQUES, F. / SCHEID, J. (1990), *Rome et l'intégration de l'Empire (44 av. J.C. - 260 ap. J.C.)*, t. I: *Les structures de l'empire romain*, Paris.

JONES, B. W. (1973), *The Dating of Domitian's War against the Chatti*, in *Historia* 22.1, p. 79-90.

- (1984), *The Emperor Titus*, London.

- (1992), *The Emperor Domitian*, London.

JULLIAN, C. (1896), art. *Flauialis,* in DAREMBERG / SAGLIO (ed.), *DA*, Paris, p. 1188-1189.

KEIL, J. (1932), *XVI: Vorläufiger Bericht über die Ausgrabungen in Ephesos,* in *JÖAI* 27, p. 5-72.

KNIBBE, D. (1980), *Ephesos vom Beginn der römischen Herrschaft im Kleinasien bis zum Ende der Principatzeit, A Historischer Teil*, in *ANRW* II.7.2, p. 748-810.

KOEPPEL, G. M. (1980), *A Fragment from a Domitianic Monument in Ann Arbor and Rome,* in *BMusUM* 9, p. 9-29.

KOPPEL, E. M. (1990), *Relieves arquitectónicos de Tarragona*, in W. TRILLMICH / P. ZANKER (eds.), *Stadtbild und Ideologie. Die Monumentalisierung hispanischer Städte zwischen Republik und Kaiserzeit*, München, p. 327-339.

LA ROCCA, E. (1995), art. *Gentis Iulia, Ara*, in E. M. STEINBY (ed.), *LTUR* 2, Roma, p. 369-370.

- (2009), *Il Templum Gentis Flauiae*, in F. COARELLI (ed.), *Diuus Vespasianus*, Roma, p. 225-233.

LEVICK, B. (1982), *Propaganda and Imperial Coinage*, in *Antichthon* 16, p. 104-116.

- (1999), *Vespasian*, London.

LOZANO, F. (2007), *La religion del poder: el culto imperial en Atenas en época de Augusto y los emperadores Julio-Claudios*, Oxford.

LUISI, A. (1989), *L'esplosione del Vesuvio del 79 d.C.,* in M. SORDI (ed.), *Fenomeni naturali e avvenimenti storici nell'antichità, CISA 15*, Milano, p. 226-236.

LUKE, T. S. (2010), *A Healing Touch for Empire: Vespasian's Wonders in Domitianic Rome,* in *G&R* 57.1, p. 77-106.

MARCO SIMÓN, F. (1996), *Flamen Dialis. El sacerdote de Júpiter en la religión romana*, Madrid.

- (2004), *Lex Narbonensis y el agon capitolinus: El sacerdote de Júpiter en la política religiosa de los Flavios,* in L. HERNÁNDEZ GUERRA / J. ALVAR EZQUERRA (eds.), *Jerarquías religiosas y control social en el mundo antiguo. Actas del XXVII Congreso internacional GIREA-ARYS* IX, Valladolid, p. 417-422.

MARCONI, G. (1994), *La restituzione grafica*, in R. PARIS (ed.), *Dono Hartwig. Originali ricogiunti e copie tra Roma e Ann Arbor,* Roma, p. 84-92.

MARQUARDT, J. (1890), *Le culte chez les Romains*, 1 - 2, Paris.

MASIER,A. (2009), *Sodales. Dalle Origini a Domiziano*, Padova.

MCBAIN, B. (1982), *Prodigy and Expiation: a Study in Religion and Politics in Republican Rome*, Bruxelles.

MCDERMOTT, W. C. (1970), *Fabricius Veiento*, in *AJPh* 91.2, p. 129-148.

MCFAYDEN, D. (1915), *The Date of the Arch of Titus*, in *CJ* 11, p. 131-141.

MCKAY, A. G. (1998), *Domitianic Construction at Cumae (Campania)*, in G. SCHMELING / J. D. MIKALSON (eds.), *Qui Miscuit Utile Dulci: Festschrift Essays for Paul Lachlan MacKendric*, Wauconda, p. 223-242.

MERIÇ, R. (1985), *Rekonstruktionsversuch der Kolossalstatue des Domitian in Ephesos*,in *Pro Arte Antiqua: Festschrift für Hedwig Kenner* 2, Wien, p. 239-241.

MOMIGLIANO, A. (1975), *Sodales Flauiales Titiales e culto di Giove*, in A. MOMIGLIANO, *Quinto contributo alla storia degli studi classici e del mondo antico* 1, Roma, p. 657-666.

- (1980), *Saggezza straniera. L'ellenismo e le altre culture,* Torino.

- (1987), *Some Preliminary Remarks on the "Religious Opposition" to the Roman Empire*, in A. KURT *et al.* (eds.), *Opposition et résistances à l'empire d'Auguste à Trajan*, Genève, p. 103-133.

MOMMSEN, T. (1889), *Le droit public romain*, vols. 3 - 5, Paris.

MONTERO, S. (1991), *Política y adivinación en el Bajo Imperio Romano: emperadores y harúspices (193 d.C.-408 d.C.)*, Bruxelles.

- (2004), *El consumo de aves en la Roma de Augusto: luxus y nefas*, in *Ilu*, *Anejos* XII, Madrid, p. 47-60.

- (2006), *Augusto y las aves. Las aves en la Roma del Principado: prodigio, exhibición y consumo*, Barcelona.

- (2014), *I sodales Titii. Tradizione e innovazione*, in G. URSO (ed.), *Sacerdos. Figure del sacro nella società romana*, Pisa, p. 191-221.

MORAWIECKI, L. (1977), *The Symbolism of Minerva on the Coins of Domitianus*, in *Klio* 59.1, p. 185-193.

MORETTI, L. (1977), *Lo sport*, in AAVV, *La società ellenistica. Economia, diritto, religione*, Milano, p. 491-499.

MORGAN, G. (2000), *Omens in Tacitus Histories I-III*, in R. LORSCH / J. ISAGER (eds.) *Divination and Portents in the Roman World*, Gylling, p. 25- 42.

OLIVER, J. H. (1942), *Greek Inscriptions*, in *Hesperia* 11, p. 29-90.

PACI, G. (2008), *Dedica da Sentinum in onore del giurista Celsus filius*, in G. PACI, *Ricerche di storia e di epigrafia romana delle Marche*, Roma, p. 375-390.

PAILLER, J. M. (1988), *Domitien et la cité de Pallas. Un tournant dans l'histoire de Toulouse antique*, in *Pallas* 35, p. 99-109.

- (1989), *Domitien, la "loi des Narbonnais" et le culte impérial dans les provinces sénatoriales d'Occident*, in *RAN* 22,p. 171-189.

PARIS, R. (1994), *L'interpretazione del contenuto storico e ideologico*, in R. PARIS (ed.), *Dono Hartwig. Originali ricogiunti e copie tra Roma e Ann Arbor,* Roma, p. 75-83.

- (2009), *Frammento di rilievo con raffiguratione del Tempio di Quirino*, in F. COARELLI (ed.), *Diuus Vespasianus*, Roma, p. 465.

PEÑA JURADO, A. (2009), *La decoración escultórica*, in R. AYERBE VÉLEZ / T. BARRIENTOS VERA / F. PALMA GARCÍA (eds.), *El Foro de Augusta Emérita. Génesis y evolución de sus recintos monumentales, AEspAAnejos* LIII, Mérida, p. 583-622.

PICARD, G. CH. (1962), *Auguste et Néron,* Paris.

PIERI, G. (1968), *L'histoire du cens jusqu'à la fin de la République romaine*, Paris.

PINA, F. (2002), *Cicerón elegido de los dioses: la reprobación religiosa del adversario político como recurso retórico*, in F. MARCO / F. PINA / J. REMESAL (eds.), *Religión y Propaganda en el Mundo Romano*, Barcelona, p. 57-69.

PLÁCIDO, D. (2002), *Leyes municipales y símbolos de poder: los fundamentos sociales de la dinastía flavia*, in *MHA* 23-24, p. 9-20.

PLATNER, S.B. / ASHBY, T. (1965), *Topographical Dictionary of Ancient Rome*, Roma.

PLEKET, H. W. (1975), *Games, Prizes, Athletes and Ideology. Some Aspects of the History of Sports in the Graeco-Roman World*, in *Stadion* 1, p. 49-89.

POHLENZ, M. (1962), *L'uomo greco*, Firenze.

PRICE, S. R. F. (1984a), *Gods and Emperors: The Greek Language of the Roman Imperial Cult*, in *JHS* 104, p.79-95.

- (1984b), *Rituals and Power. The Roman Imperial Cult in Asia Minor*, Cambridge.

RANUCCI, S. (2009), *La monetazione dei Flavi. Caratteri generali e aspetti tipologici*, in F. COARELLI (ed.), *Diuus Vespasianus*, Roma, p. 358-367.

REQUENA, M. (2001), *El emperador predestinado: los presagios de poder en época imperial romana*, Madrid.

RICHARD, J. C. (1966), *Tombeaux des empereurs et temples des diui: Notes sur la signification religieuse des sépultures impériales à Rome*, in *RHR* 170, p. 127-142.

RICHARDSON, L. (1976), *The Villa Publica and the Diuorum*, in L. BONFANTE / H. VON HEINTZE (eds.), *In Memoriam Otto J. Brendel. Essays in Archaeology and the Humanities*, Mainz, p. 159-162.

- (1992), *A New Topographical Dictionary of Ancient Rome*, London.

RIESCO, H. B. (1993), *Elementos líticos y arbóreos en la religión romana,* León.

ROCCA-SERRA, G. (1980), *Censorinus, Le jour natal*, Paris.

ROSSO, E. (2007), *Culte impérial et image dynastique: les diui et diuae de la Gens Flauia,* in T. NOGALES / J. GONZÁLEZ (eds.), *Culto Imperial: política y poder,* Mérida, p. 125-151.

RÜPKE, J. (2003), *Kaiserliche Religionspolitik und priesterliche Rekrutierungsmechanismen. Überlegungen zur Elitenformation am Beispiel der Sodalitäten des Herrscherkultes in Antonianischer Zeit*, in H. CANCIK / K. HITZL (eds.), *Die Praxis der Herrscherverehrung in Rom und seinen Provinzen,* Tübingen, p. 131-156.

- (2008), *Fasti Sacerdotum a Prosopography of Pagan, Jewish, and Christian Religious Officials in the City of Rome, 300 BC to AD 499,* Oxford.

SAGE, M. M. (1990), *Tacitus' Historical Works: A Survey and Appraisal*, in *ANRW* II.33.2, p. 859-864.

SÁNCHEZ, M. (2000), *Das Säulenmonument der Heiligen Eulalia in Mérida*, in *MDAI(M)* 41, p. 322-354.

SCHEID, J. (1990), *Romulus et ses frères: Le collège des Frères Arvales, modèle du culte public dans la Rome des Empereurs*, Roma.

SCHUMACHER, L. (1973), *Prosopographische Untersuchungen zur Besetzung der Vier Hohen Römischen Priesterkollegien im Zeitalter der Antonine und der Severer (96–235 n. Chr.)*, Mainz.

SCOTT, K. (1936), *Imperial Cult under the Flavians*, Stuttgart.

SHATZMAN, I. (1974), *Tacitean Rumours*, in *Latomus* 33.2, p. 549-578,

SIEBERT, A. V. (1999), *Instrumenta Sacra. Untersuchungen zu römischen Opfern, Kult, und Priestergeräten*, Berlin.

SOGLIANO, A. (1982), *Di un luogo dei libri sibillini relativo alla catastrofe delle città campane sepolte dal Vesuvio*, in *Atii della Reale Accademia di Arch. Lett. e Belle Arti di Napoli* 16, Napoli, p. 165-179.

SUÁREZ DE LA TORRE, E. (2001), *Miedo, profecía e identidad nacional en los Oráculos Sibilinos*, in *Minerva* 16, p. 245-262.

SUESS, J. (2011), *Divine Justification: Flavian Imperial Cult*, Oxford.

SUSPLUGAS, M. (2003), *Les monnaies romaines de Domitien témoins de sa politique,* in *Latomus* 62.1, p. 78-109.

SYME, R. (1958), *Tacitus*, vol. I, Oxford.

THEIN, A. (2014), *Capitoline Jupiter and the Historiography of Roman World Rule,* in *Histos* 8, p. 284-319.

TORELLI, M. (1987), *Culto imperiale e spazi urbani in eta flavia: Dai rilievi Hartwig all'arco di Tito*, in *L'Urbs: Espace urbain et histoire (Ier siècle av. J.-C. – IIIe siècle ap. J.C.). Actes du colloque international organisé par le Centre national de la recherche scientifique et l'Ecole française de Rome (Rome, 8-12 mai 1985*), Roma, p. 563-582.

- (1999), *Appius Alce. La gemma fiorentina con rito saliare e la presenza dei Claudii in Etruria*, in *StEtr* 63, p. 227-255.

VAN DER MEER, L. B. (2009), *The Temple on the Piazzale delle Corporazioni in Ostia antica*, in *BABesch* 84, p. 163-170.

VANGGAARD, J. H. (1988), *The flamen. A Study in the History and Sociology of Roman Religion*, Copenhagen.

VARHELYI, Z. (2002), *The Religion of the Senatorial Elite in the Roman Empire: AD 69-235*, New York.

VARNER, E. R. (2004), *Mutilation and Transformation: Damnatio Memoriae and Roman Imperial Portraiture*, Leiden.

VIGOURT, A. (2001), *Les présages impériaux d'Auguste à Domitien*, Paris.

VIRGILI, P. (1987), *Lo stadio di Domiziano. Il certamen Capitolino Ioui,* in AAVV, *Lo Sport nel mondo antico. Ludi e Certamina a Roma*, Roma, p. 71-78.

WEST, L. C. (1949), *Imperial Publicity on Coins of the Roman Emperors*, in *CJ* 45, p. 19-26.

WILLIAMSON, C. H. (1987), *A Roman Law from Narbonne*, in *Athenaeum* 65, p. 173-189.

WISEMAN, T. P. (1978), *Flavians on the Capitol*, in *AJAH* 3-2, p. 163-178.

WISSOWA, G. (1902), *Religion und Kultus der Römer*, München.

WISTRAND, M. (1992), *Entertainment and Violence in Ancient Rome. The Attitudes of Roman Writers of the First Century A.D.*, Göteborg.

YAVETZ, Z. (1969), *Plebs and Princeps*, Oxford.

- (1987), *The Urban Plebs in the Days of the Flavians, Nerva and Trajan,* in A. KURT *et al.* (eds.), *Opposition et résistances à l'empire d'Auguste à Trajan*, Genève, p. 135-186.

ZECCHINI, G. (2002), *Los druidas*, Madrid.

# COLLECTION LATOMUS

OUVRAGES DISPONIBLES

21. **Deonna W.**, *De Télésphore au "moine bourru". Dieux, génies et démons encapuchonnés*, 1955, 168 p. + 50 pl. 30 €
23. *Hommages à Max Niedermann*, 1956, 352 p. 50 €
27. **Van Weddingen R.**, *Favonii Eulogii Disputatio de Somnio Scipionis*, 1957, 72 p. 30 €
28. *Hommages à Waldemar Deonna*, 1957, 548 p. + 69 pl. 50 €
30. **Bolaffi E.**, *La critica filosofica e letteraria in Quintiliano*, 1958, 64 p. 30 €
32. **Astin A.E.**, *The Lex Annalis before Sulla*, 1958, 47 p. 30 €
33. **Favez C.**, *Saint Jérôme paint par lui-même*, 1958, 56 p. 30 €
35. **Paladini M.L.**, *A proposito della tradizione poetica sulla battaglia di Azio*, 1958, 48 p. 30 €
36. **Richter G.M.A.**, *Greek Portraits II. To what extent where they faithful likenesses?*, 1959, 49 p. + 16 pl. 30 €
39. **Tsontchev D.**, *Monuments de la sculpture romaine en Bulgarie méridionale*, 1959, 44 p. + 24 pl. 30 €
40. **Deonna W.**, *Un divertissement de table. "À cloche-pied"*, 1959, 40 p. 30 €
41. **Stengers J.**, *La formation de la frontière linguistique en Belgique ou de la légitimité de l'hypothèse historique*, 1959, 56 p. 30 €
42. **Van Essen C.-C.**, *Précis d'histoire de l'art antique en Italie*, 1960, 152 p. + 71 pl. 30 €
43. **Bodnar E.W.**, *Cyriacus of Ancona and Athens*, 1960, 256 p. 40 €
44. *Hommages à Léon Herrmann*, 1960, 815 p. + 52 pl. 60 €
47. **Balty J.C.**, *Études sur la Maison Carrée de Nîmes*, 1960, 204 p. + 27 pl. 40 €
51. **Harmand J.**, *Les origines des recherches françaises sur l'habitat rural gallo-romain*, 1961, 52 p. + 6 pl. 30 €
52. **Cambier G.**, *Embricon de Mayence. La vie de Mahomet*, 1961, 94 p. 30 €
53. **Chevallier R.**, *Rome et la Germanie au I^er^ siècle de notre ère*, 1961, 49 p. 30 €
55. **Vandersleyen C.**, *Chronologie des préfets d'Égypte de 284 à 395*, 1962, 202 p. 40 €
56. **Le Glay M.**, *Les Gaulois en Afrique*, 1962, 43 p. + 1 carte 30 €
58. **Renard M. (ed.)**, *Hommages à Albert Grenier*, 1962, 1679 p. + 338 pl. (3 vol.) 90 €
59. **Herrmann L.**, *Perse: Satires*, 1962, 55 p. 30 €
61. **Joly R.**, *Le Tableau de Cébès et la philosophie religieuse*, 1963, 92 p. 30 €
62. **Deonna W.**, *La Niké de Paeonios de Mendé et le triangle sacré des monuments figurés*, 1968, 220 p. 40 €
63. **Brown E.L.**, *Numeri Vergiliani. Studies in "Eclogues" and "Georgics"*, 1963, 146 p. 30 €
64. **Detsicas A.P.**, *The Anonymous Central Gaulish Potter known as X-3 and his Connections*, 1963, 73 p. + 16 pl. 30 €
65. **Bardon H.**, *Le génie latin*, 1963, 264 p. 40 €
67. **Herrmann L.**, *Le rôle judiciaire et politique des femmes sous la République romaine*, 1964, 128 p. 30 €
69. **Herrmann L.**, *Les fables antiques de la broderie de Bayeux*, 1964, 62 p. + 42 pl. 30 €

71. **Fletcher G.B.A.**, *Annotations on Tacitus*, 1964, 108 p. 30 €
72. **Decouflé P.**, *La notion d'ex-voto anatomique chez les Étrusco-Romains. Analyse et synthèse*, 1964, 44 p. + 19 pl. 30 €
73. **Fenik B.**, *"Iliad X" and the "Rhesus". The Myth*, 1964, 64 p. 30 €
75. **Pascal C.B.**, *The Cults of Cisalpine Gaul*, 1964, 122 p. 30 €
76. **Croisille J.-M.**, *Les natures mortes campaniennes. Répertoire descriptif des peintures de nature morte du Musée National de Naples, de Pompéi, Herculanum et Stabies*, 1965, 134 p. + 127 pl. 30 €
77. **Zehnacker H.**, *Les statues du sanctuaire de Kamart (Tunisie)*, 1965, 86 p. + 17 pl. 30 €
78. **Herrmann L.**, *La vision de Patmos*, 1965, 150 p. 30 €
79. **Pestalozza U.**, *L'éternel féminin dans la religion méditerranéenne*, 1965, 83 p. 30 €
80. **Tudor D.**, *Sucidava. Une cité daco-romaine et byzantine en Dacie*, 1965, 140 p. + 30 pl. 30 €
81. **Fitz J.**, *Ingenuus et Régalien*, 1966, 72 p. 30 €
82. **Colin J.**, *Les villes libres de l'Orient gréco-romain et l'envoi au supplice par acclamations populaires*, 1965, 176 p. + 5 pl. 30 €
84. **des Abbayes H.**, *Virgile: Les Bucoliques*, 1966, 92 p. 30 €
85. **Balty J.C.**, *Essai d'iconographie de l'empereur Clodius Albinus*, 1966, 70 p. + 10 pl. 30 €
86. **Delcourt M.**, *Hermaphroditea. Recherches sur l'être double promoteur de la fertilité dans le monde classique*, 1966, 76 p. + 10 pl. 30 €
87. **Loicq-Berger M.-P.**, *Syracuse. Histoire culturelle d'une cité grecque*, 1967, 320 p. + 21 pl. 50 €
89. **Newman J.K.**, *The Concept of Vates in Augustan Poetry*, 1967, 132 p. 30 €
92. **Cambier G. (ed.)**, *Conférences de la Société d'Études Latines de Bruxelles. 1965-1966*, 1968, 132 p. 30 €
93. **Balil A.**, *Lucernae singulares*, 1968, 98 p. 30 €
97. **Cambier G.**, *La vie et les œuvres de Gislain Bulteel d'Ypres 1555-1611. Contribution à l'histoire de l'humanisme dans les Pays-Bas*, 1951, 490 p. + 1 pl. 50 €
101. **Bibauw J. (ed.)**, *Hommages à Marcel Renard I. Langues, littératures, droit*, 1969, 840 p. + 14 pl. 75 €
102. **Bibauw J. (ed.)**, *Hommages à Marcel Renard II. Histoire, histoire des religions, épigraphie*, 1969, 896 p. + 41 pl. 78 €
104. **Veremans J.**, *Éléments symboliques dans la III^e Bucolique de Virgile. Essai d'interprétation*, 1969, 76 p. 30 €
105. **Benoit F.**, *Le symbolisme dans les sanctuaires de la Gaule*, 1970, 109 p. 30 €
106. **Liou B.**, *Praetores Etruriae XV populorum. Étude d'épigraphie*, 1969, 118 p. + 16 pl. 30 €
107. **Van den Bruwaene M.**, *Cicéron: De Natura Deorum. Livre I*, 1970, 191 p. 30 €
111. **Mansuelli G.A.**, *Urbanistica e architettura della Cisalpina romana fino al III sec. e.n.*, 1971, 228 p. + 105 pl. 40 €
113. **Thevenot E.**, *Le Beaunois gallo-romain*, 1971, 292 p. 40 €
114. *Hommages à Marie Delcourt*, 1970, 454 p. + 17 pl. 50 €
115. **Meslin M.**, *La fête des kalendes de janvier dans l'empire romain. Étude d'un rituel de Nouvel An*, 1970, 138 p. 30 €
117. **Dulière W.L.**, *La haute terminologie de la rédaction johannique. Les vocables qu'elle a introduits chez les Gréco-Romains: Le Logos-Verbe, le Paraclet-Esprit-Saint et le Messias-Messie*, 1970, 83 p. 30 €

118. **Bardon H.**, *Propositions sur Catulle*, 1970, 160 p. 30 €
119. **Righini V.**, *Lineamenti di storia economica della Gallia Cisalpina. La produttività fittile in età repubblicana*, 1970, 102 p. 30 €
120. **Green R.P.H.**, *The Poetry of Paulinus of Nola. A Study of his Latinity*, 1971, 148 p. 30 €
122. **Fitz J.**, *Les Syriens à Intercisa*, 1972, 264 p. 40 €
123. **Stoian L.**, *Études Histriennes*, 1972, 176 p. 30 €
124. **Jully J.J.**, *La céramique attique de La Monédière, Bessan, Hérault. Ancienne collection J. Coulouma, Béziers*, 1973, 362 p. 50 €
125. **De Ley H.**, *Macrobius and Numenius. A Study of Macrobius, In Somn., I, c. 12*, 1972, 76 p. 30 €
126. **Tordeur P.**, *Concordance de Paulin de Pella*, 1973, 122 p. 30 €
128. **Mortureux B.**, *Recherches sur le "De clementia" de Sénèque. Vocabulaire et composition*, 1973, 88 p. 30 €
129. **Broise P.**, *Genève et son territoire dans l'Antiquité. De la conquête romaine à l'occupation burgonde*, 1974, 370 p. 50 €
131. **Piganiol A.**, *Scripta Varia I – Généralités. Éditées par R. Bloch, A. Chastagnol, R. Chevalier et M. Renard*, 1973, 564 p. 57 €
132. **Piganiol A.**, *Scripta Varia II – Les origines de Rome et la République. Éditées par R. Bloch, A. Chastagnol, R. Chevalier et M. Renard*, 1973, 384 p. 50 €
133. **Piganiol A.**, *Scripta Varia III – L'Empire. Éditées par R. Bloch, A. Chastagnol, R. Chevalier et M. Renard*, 1973, 388 p. 50 €
134. **Amit M.**, *Great and Small Poleis. A Study in the Relations between the Great Powers and the Small Cities in Ancient Greece*, 1973, 194 p. 30 €
136. **Hierche H.**, *Les Épodes d'Horace. Art et signification*, 1974, 212 p. 40 €
138. **Gramatopol M.**, *Les pierres gravées du Cabinet numismatique de l'Académie Roumaine*, 1974, 131 p. 30 €
139. **Hus A.**, *Les bronzes étrusques*, 1975, 164 p. 30 €
140. **Priuli S.**, *Ascyltus. Note di onomastica petroniana*, 1975, 67 p. 30 €
143. **Sauvage A.**, *Étude de thèmes animaliers dans la poésie latine. Le cheval – les oiseaux*, 1975, 293 p. 40 €
144. **Defosse P.**, *Bibliographie étrusque. Tome II (1927-1950)*, 1967, 345 p. 50 €
145. **Cambier G. (ed.)**, *Hommages à André Boutemy*, 1976, 452 p. 50 €
146. **Hus A.**, *Les siècles d'or de l'histoire étrusque (675-475 avant J.-C.)*, 1976, 288 p. 40 €
147. **Cody J.V.**, *Horace and Callimachean Aesthetics*, 1976, 130 p. 30 €
148. **Fitz J.**, *La Pannonie sous Gallien*, 1976, 88 p. 30 €
150. **Desmouliez A.**, *Cicéron et son goût. Essai sur une définition d'une esthétique romaine à la fin de la République*, 1976, 937 p., ISBN: 978-2-87031-000-7 63 €
154. **Van den Bruwaene M.**, *Cicéron: De Natura Deorum. Livre II*, 1978, 224 p., ISBN: 978-2-87031-004-5 40 €
158. **Cambier G., Deroux C., Préaux J. (eds)**, *Lettres latines du Moyen Âge et de la Renaissance*, 1978, 249 p., ISBN: 978-2-87031-008-3 40 €
160. *Le bucchero nero étrusque et sa diffusion en Gaule Méridionale. Actes de la Table-Ronde d'Aix-en-Provence (21-23 mai 1975)*, 1979, 170 p. 30 €
161. **Develin R.**, *Patterns in Office-Holding, 366-49 B.C.*, 1979, 109 p., ISBN: 978-2-87031-101-1 30 €
162. **Olmsted G.S.**, *The Gundestrup Cauldron. Its Archaeological Context, the Style and Iconography of its Portrayed Motifs, and their Narration of a Gaulish Version of Táin Bó Cúailnge*, 1979, 306 p., ISBN: 978-2-87031-102-8 50 €

163. **Bonelli G.,** *Aporie etiche in Epicuro*, 1979, 135 p., ISBN: 978-2-87031-103-5 30 €
164. **Deroux C. (ed.),** *Studies in Latin Literature and Roman History I*, 1979, 542 p., ISBN: 978-2-87031-104-2 55 €
165. **Austin N.J.E.,** *Ammianus on Warfare. An investigation into Ammianus' Military Knowledge*, 1979, 171 p., ISBN: 978-2-87031-105-9 30 €
167. **Herrmann L.,** *Sénèque et les premiers chrétiens*, 1979, 92 p., ISBN: 978-2-87031-107-3 30 €
168. **Deroux C. (ed.),** *Studies in Latin Literature and Roman History II*, 1980, 532 p., ISBN: 978-2-87031-108-0 53 €
169. **Shochat Y.,** *Recruitment and the Programme of Tiberius Gracchus*, 1980, 98 p., ISBN: 978-2-87031-109-7 30 €
171. **Grondona M.,** *La religione e la superstizione nella Cena Trimalchionis*, 1980, 104 p. + 10 pl., ISBN: 978-2-87031-111-0 30 €
172. **Catlow L.,** *Pervigilium Veneris*, 1980, 105 p., ISBN: 978-2-87031-112-7 30 €
173. **Rubin Z.,** *Civil-War Propaganda and Historiography*, 247 p., ISBN: 978-2-87031-113-4 40 €
174. **Dury-Moyaers G.,** *Énée et Lavinium. À propos des découvertes archéologiques récentes*, 1981, 252 p. + 37 pl., ISBN: 978-2-87031-114-1 40 €
175. **Van den Bruwaene M.,** *Cicéron: De Natura Deorum. Livre III*, 1981, 212 p., ISBN: 978-2-87031-115-8 40 €
177. **MacBain B.,** *Prodigy and Expiation. A Study in Religion and Politics in Republican Rome*, 1982, 140 p., ISBN: 978-2-87031-117-2 30 €
178. **Sartre M.,** *Trois études sur l'Arabie romaine et byzantine*, 1982, 226 p., ISBN: 978-2-87031-118-9 40 €
179. **Croisille J.-M.,** *Poésie et art figuré de Néron aux Flaviens. Recherches sur l'iconographie et la corrrespondance des arts à l'époque impériale*, 1982, 742 p. + 167 pl. (2 vol.), ISBN: 978-2-87031-119-6 122 €
180. **Deroux C. (ed.),** *Studies in Latin Literature and Roman History III*, 1983, 440 p., ISBN: 978-2-87031-120-2 50 €
181. **Fitz J.,** *L'administration des provinces pannoniennes sous le Bas-Empire romain*, 1983, 113 p., ISBN: 978-2-87031-121-9 30 €
182. **Anderson J.J.C.,** *The Historical Topography of the Imperial Fora*, 1984, 201 p. + 30 pl., ISBN: 978-2-87031-122-6 40 €
183. **Green M.,** *The Wheel as a Cult-Symbol in the Romano-Celtic World. With Special Reference to Gaul and Britain*, 1984, 408 p. + 85 pl., ISBN: 978-2-87031-123-3 60 €
184. **Guillaumont F.,** *Philosophe et augure. Recherches sur la théorie cicéronienne de la divination*, 1984, 214 p., ISBN: 978-2-87031-124-0 40 €
185. **Bradley K.R.,** *Slaves and Masters in the Roman Empire. A Study in Social Control*, 1984, 164 p., ISBN: 978-2-87031-125-7 30 €
186. **Bonelli G.,** *I motivi profondi della poesia lucreziana*, 1984, 337 p., ISBN: 978-2-87031-126-4 50 €
187. **Renard M., Laurens P. (eds),** *Hommages à Henry Bardon*, 1985, 400 p. + 20 pl., ISBN: 978-2-87031-127-1 51 €
188. **Develin R.,** *The Practice of Politics at Rome 366-167 B.C.*, 1985, 354 p., ISBN: 978-2-87031-128-8 50 €
189. **Frécaut J.-M., Porte D. (eds),** *Journées Ovidiennes de Parménie. Actes du Colloque sur Ovide (24-26 juin 1983)*, 1985, 289 p. + 8 pl., ISBN: 978-2-87031-129-5 40 €
190. **Audin A.,** *Gens de Lugdunum*, 1986, 192 p. + 28 pl., ISBN: 978-2-87031-130-1 30 €

191. **Heurgon J.,** *Scripta Varia*, 1986, 500 p. + 41 pl., ISBN: 978-2-87031-131-8 65 €
192. **Van den Bruwaene M.,** *Cicéron: De Natura Deorum. Tables*, 1986, 175 p., ISBN: 978-2-87031-132-5 30 €
193. **Deroux C., Decreus F. (eds),** *Hommages à Jozef Veremans*, 1986, 407 p. + 2 pl., ISBN: 978-2-87031-133-2 51 €
194. **Pack E.,** *Städte und Steuern in der Politik Julians. Untersuchungen zu den Quellen eines Kaiserbildes*, 1986, 420 p., ISBN: 978-2-87031-134-9 51 €
195. **Reichler-Béguelin M.-J.,** *Les noms latins du type mens. Étude morphologique*, 1986, 271 p., ISBN: 978-2-87031-135-6 40 €
196. **Deroux C. (ed.),** *Studies in Latin Literature and Roman History IV*, 1986, 550 p., ISBN: 978-2-87031-136-3 68 €
197. **Goar R.J.,** *The Legend of Cato Uticensis from the First Century B.C. to the Fifth Century A.D. With an Appendix on Dante and Cato*, 1987, 115 p., ISBN: 978-2-87031-137-0 30 €
198. **Mrozek S.,** *Les distributions d'argent et de nourriture dans les villes italiennes du Haut-Empire romain*, 1987, 115 p. + 14 pl., ISBN: 978-2-87031-138-7 30 €
199. **Pomathios J.-L.,** *Le pouvoir politique et sa représentation dans l'Énéide de Virgile*, 1987, 421 p., ISBN: 978-2-87031-139-4 51 €
200. **Ferguson J.,** *A Prosopography to the Poems of Juvenal*, 1987, 250 p., ISBN: 978-2-87031-140-0 40 €
201. **Porte D., Néradeau J.P. (eds),** *Res Sacrae. Hommages à Henri Le Bonniec*, 1988, 466 p. + 12 pl., ISBN: 978-2-87031-141-7 59 €
202. **Joulia J.-C.,** *Les frises doriques de Narbonne*, 1988, 289 p. + 117 pl., ISBN: 978-2-87031-142-4 55 €
203. **Delmaire R.,** *Les responsables des finances impériales au Bas-Empire romain (IVe-VIe s.). Études prosopographiques*, 1989, 321 p., ISBN: 978-2-87031-143-1 50 €
204. **Martin S.D.,** *The Roman Jurists and the Organization of Private Building in the Late Republic and Early Empire*, 1989, 57 p., ISBN: 978-2-87031-144-8 30 €
205. **Roques D.,** *Études sur la Correspondance de Synésios de Cyrène*, 1989, 274 p. + 3 pl., ISBN: 978-2-87031-145-5 40 €
206. **Deroux C. (ed.),** *Studies in Latin Literature and Roman History V*, 1989, 516 p. + 1 pl., ISBN: 978-2-87031-146-2 60 €
207. **Moscati Castelnuovo L.,** *Siris. Tradizione storiografica e momenti della storia di una città della Magna Grecia*, 1989, 175 p. + 3 pl., ISBN: 978-2-87031-147-9 30 €
208. **Bertrand-Dagenbach C.,** *Alexandre Sévère et l'Histoire Auguste*, 1990, 216 p., ISBN: 978-2-87031-148-6 40 €
209. **Croisille J.-M. (ed.),** *Neronia IV. Alejandro Magno, modelo de los emperadores romanos. Actes du IVe Colloque International de la SIEN*, 1990, 398 p. + 6 pl., ISBN: 978-2-87031-149-3 58 €
210. **Mellinghoff-Bourgerie V.,** *Les incertitudes de Virgile. Contributions épicuriennes à la théologie de l'Énéide*, 1990, 275 p., ISBN: 978-2-87031-150-9 40 €
211. **Montero Herrero S.,** *Política y adivinación en el Bajo Imperio Romano. Emperadores y harúspices (193 D.C. - 408 D.C.)*, 1991, 195 p., ISBN: 978-2-87031-151-6 30 €
212. **Paltiel E.,** *Vassals and Rebels in the Roman Empire. Julio-Claudian Policies in Judaea and the Kingdoms of the East*, 1991, 352 p. + 19 pl., ISBN: 978-2-87031-152-3 50 €

213. **Ginestet P.,** *Les organisations de la jeunesse dans l'Occident Romain*, 1991, 336 p. + 11 pl., ISBN: 978-2-87031-153-0 50 €
214. **Wulff Alonso F.,** *Romanos e Itálicos en la Baja República. Estudios sobre sus relaciones entre la Segunda Guerra Púnica y la Guerra Social (201-91 a.C.)*, 1991, 389 p., ISBN: 978-2-87031-154-7 55 €
215. **Schettino M.T.,** *Tradizione annalistica e tradizione ellenistica su Pirro in Dionigi (A.R. XIX-XX)*, 1991, 120 p., ISBN: 978-2-87031-155-4 30 €
216. **Keller M.,** *Les verbes latins à infectum en -sc-. Étude morphologique à partir des informations attestées dès l'époque préclassique*, 1992, XI-564 p., ISBN: 978-2-87031-156-1 75 €
217. **Deroux C. (ed.),** *Studies in Latin Literature and Roman History VI*, 1992, 516 p., ISBN: 978-2-87031-157-8 68 €
218. **Verdière R.,** *Le secret du voltigeur d'amour ou le mystère de la relégation d'Ovide*, 1992, 168 p., ISBN: 978-2-87031-158-5 30 €
219. **Dehon P.-J.,** *Hiems Latina. Études sur l'hiver dans la poésie latine, des origines à l'époque de Néron*, 1993, 385 p., ISBN: 978-2-87031-159-2 54 €
220. **Simelon P.,** *La propriété en Lucanie depuis les Gracques jusqu'à l'avènement des Sévères. Étude épigraphique*, 1993, 215 p. + 6 pl., ISBN: 978-2-87031-160-8 40 €
221. **Desy P.,** *Recherches sur l'économie apulienne au II^e et au I^er siècle avant notre ère*, 1993, 346 p. + 4 pl., ISBN: 978-2-87031-161-5 50 €
222. **Ulrich R.B.,** *The Roman Orator and the Sacred Stage. The Roman Templum Rostratum*, 1994, 345 p. + 81 pl., ISBN: 978-2-87031-162-2 52 €
223. **Devillers O.,** *L'art de la persuasion dans les Annales de Tacite*, 1994, 390 p., ISBN: 978-2-87031-163-9 53 €
224. **Loutsch C.,** *L'exorde dans les discours de Cicéron*, 1994, 583 p., ISBN: 978-2-87031-164-6 75 €
225. **Wardle D.,** *Suetonius' Life of Caligula. A Commentary*, 1994, 395 p., ISBN: 978-2-87031-165-3 55 €
226. **Le Bohec Y. (ed.),** *L'Afrique, la Gaule, la Religion à l'époque romaine. Mélanges à la mémoire de Marcel Le Glay*, 1994, 876 p. + 134 pl., ISBN: 978-2-87031-166-0 125 €
227. **Deroux C. (ed.),** *Studies in Latin Literature and Roman History VII*, 1994, 596 p. + 6 pl., ISBN: 978-2-87031-167-7 77 €
228. **Poignault R.,** *L'Antiquité dans l'œuvre de Marguerite Yourcenar. Littérature, mythe et histoire*, 1995, 1096 p. (2 vol.), ISBN: 978-2-87031-168-4 120 €
229. **Leclercq R.,** *Le divin loisir. Essai sur les Bucoliques de Virgile*, 1996, 712 p. 95 €
230. **André J.-M., Dangel J., Demont P. (eds),** *Les loisirs et l'héritage de la culture classique. Actes du XIII^e Congrès de l'Association Guillaume Budé (Dijon, 27-31 août 1993)*, 1996, 712 p., ISBN: 978-2-87031-170-7 88 €
231. **Darwall-Smith R.H.,** *Emperors and Architecture. A Study of Flavian Rome*, 1996, 342 p. + 75 pl., ISBN: 978-2-87031-171-4 60 €
232. **Lolli M.,** *D.M. Ausonius: Parentalia*, 1997, 281 p., ISBN: 978-2-87031-172-1 40 €
233. **Rochette B.,** *Le latin dans le monde grec. Recherches sur la diffusion de la langue et des lettres latines dans les provinces hellénophones de l'Empire romain*, 1997, 423 p. + 3 pl., ISBN: 978-2-87031-173-8 60 €
234. **Rambaux C.,** *Tibulle ou la répétition*, 2000, 117 p., ISBN: 978-2-87031-174-5 30 €
235. **Dillemann L.,** *La Cosmographie du Ravennate. Ouvrage édité avec préface et notes additionnelles par Y. Janvier*, 1997, 262 p., ISBN: 978-2-87031-175-2 40 €

236. **Pansiéri C.**, *Plaute et Rome ou les ambiguïtés d'un marginal*, 1997, 807 p., ISBN: 978-2-87031-176-9 98 €
237. **Lehmann Y.**, *Varron théologien et philosophe romain*, 1997, 391 p., ISBN: 978-2-87031-177-6 55 €
238. **Vössing K.**, *Schule und Bildung im Nordafrika der Römischen Kaiserzeit*, 1997, 690 p., ISBN: 978-2-87031-178-3 80 €
239. **Deroux C. (ed.)**, *Studies in Latin Literature and Roman History VIII*, 1997, 506 p., ISBN: 978-2-87031-179-0 68 €
240. **Viré G.**, *Synthèses romaines. Langue latine, Droit romain, Institutions comparées. Études publiées en hommage au professeur J.-H. Michel*, 1998, XXIV-458 p. + 1 pl., ISBN: 978-2-87031-180-6 64 €
241. **Loupiac A.**, *La poétique des éléments dans La Pharsale de Lucain*, 1998, 235 p., ISBN: 978-2-87031-181-8 40 €
242. **Deroux C.**, *Maladie et maladies dans les textes latins antiques et médiévaux. Actes du Ve Colloque International "Textes médicaux latins" (Bruxelles, 4-6 septembre 1995)*, 1998, VI-458 p. + 3 pl., ISBN: 978-2-87031-182-0 68 €
243. *Liberalitas. Scripta varia. Rassemblés et présentés en hommage à M.J. Hellegouarc'h*, 1998, XXIII-767 p. + 1 pl., ISBN: 978-2-87031-183-7 100 €
244. **Deroux C. (ed.)**, *Studies in Latin Literature and Roman History IX*, 1998, 504 p., ISBN: 978-2-87031-184-4 68 €
245. **Martini M.C.**, *Due studi sulla riscrittura annalistica dell'età monarchica a Roma*, 1998, 153 p., ISBN: 978-2-87031-185-1 30 €
246. **Maggi S.**, *Le sistemazioni forensi nelle città della Cisalpina romana, dalla tarda repubblica al principato augusteo (e oltre)*, 1999, 186 p., ISBN: 978-2-87031-186-8 30 €
247. **Croisille J.-M., Martin R., Perrin Y. (eds)**, *Neronia V. Néron: histoire et légende. Actes du Ve Colloque International de la SIEN (Clermont-Ferrand et Saint-Étienne, 2-6 novembre 1994)*, 1999, 493 p. + 26 pl., ISBN: 978-2-87031-187-5 63 €
248. **Benoist S.**, *La Fête à Rome au premier siècle de l'Empire. Recherches sur l'univers festif sous les règnes d'Auguste et des Julio-Claudiens*, 1999, 407 p., ISBN: 978-2-87031-188-2 55 €
249. **Laigneau S.**, *La femme et l'amour chez Catulle et les Élégiaques augustéens*, 1999, 420 p., ISBN: 978-2-87031-190-5 55 €
250. **Salmon P.**, *La limitation des naissances dans la société romaine*, 1999, 103 p., ISBN: 978-2-87031-191-2 30 €
251. **Texier Y.**, *La question de Gergovie. Essai sur un problème de localisation*, 1999, 417 p., ISBN: 978-2-87031-192-9 55 €
252. **Billault A.**, *L'univers de Philostrate*, 2000, 145 p., ISBN: 978-2-87031-193-6 30 €
253. **Bernard J.-E.**, *Le portrait chez Tite-Live. Essai sur une écriture de l'histoire romaine*, 2000, 482 p., ISBN: 978-2-87031-194-3 65 €
254. **Deroux C. (ed.)**, *Studies in Latin Literature and Roman History X*, 2000, 501 p. + 8 pl., ISBN: 978-2-87031-195-0 65 €
255. **Foucher A.**, *Historia proxima poetis. L'influence de la poésie épique sur le style des historiens latins de Salluste à Ammien Marcellin*, 2000, 487 p., ISBN: 978-2-87031-196-7 65 €
256. **Vons J.**, *L'image de la femme dans l'œuvre de Pline l'Ancien*, 2000, 480 p., ISBN: 978-2-87031-197-4 67 €
257. **Haan E.**, *Thomas Gray's Latin Poetry. Some Classical, Neo-Latin and Vernacular Contexts*, 2000, 198 p., ISBN: 978-2-87031-198-1 39 €

258. **Brachet J.-P.,** *Recherches sur les préverbes de- et ex- du latin*, 2000, 400 p., ISBN: 978-2-87031-199-8 55 €

259. **Renucci P.,** *Les idées politiques et le gouvernement de l'empereur Julien*, 2000, 537 p. + 2 pl., ISBN: 978-2-87031-200-1 70 €

260. **Bouquet J.,** *Le songe dans l'épopée latine d'Ennius à Claudien*, 2001, 204 p., ISBN: 978-2-87031-201-8 40 €

261. **Rambaux C.,** *Properce ou les difficultés de l'émancipation féminine*, 2001, 347 p., ISBN: 978-2-87031-202-5 50 €

262. **Lehmann A.,** *Varron critique littéraire. Regard sur les poètes latins archaïques*, 2002, 299 p., ISBN: 978-2-87031-203-2 45 €

263. **Wulff Alonso F.,** *Roma e Italia de la Guerra Social a la retirada de Sila (90-79 a.C.)*, 2002, 341 p., ISBN: 978-2-87031-204-9 50 €

264. **Deman A., Raepsaet-Charlier M.-T.,** *Nouveau recueil des inscriptions latines de Belgique (ILB2)*, 2002, 288 p. + 65 pl., ISBN: 978-2-87031-205-6 48 €

265. **Spaltenstein F.,** *Commentaire des Argonautica de Valérius Flaccus (livres 1 et 2)*, 2002, 491 p., ISBN: 978-2-87031-206-3 62 €

266. **Defosse P. (ed.),** *Hommages à Carl Deroux I. Poésie*, 2002, XXIII-546 p. + 2 pl., ISBN: 978-2-87031-207-0 93 €

267. **Defosse P. (ed.),** *Hommages à Carl Deroux II. Prose et linguistique, Médecine*, 2002, XXIII-577 p. + 1 pl., ISBN: 978-2-87031-208-7 90 €

268. **Croisille J.-M., Perrin Y. (eds),** *Neronia VI. Rome à l'époque néronienne. Institutions et vie politique, économie et société, vie intellectuelle, artistique et spirituelle. Actes du VI^e Colloque International de la SIEN (Rome, 19-23 mai 1999)*, 2002, 604 p. + 28 pl., ISBN: 978-2-87031-209-4 96 €

269. **Verboven K.,** *The Economy of Friends. Economic Aspects of Amicitia and Patronage in the Late Republic*, 2002, 399 p., ISBN: 978-2-87031-210-0 54 €

270. **Defosse P. (eds),** *Hommages à Carl Deroux III. Histoire et épigraphie, Droit*, 2003, XXIII-488 p. + 7 pl., ISBN: 978-2-87031-211-7 80 €

271. **Goguey D.,** *Les animaux dans la mentalité romaine*, 2003, 138 p., ISBN: 978-2-87031-212-4 30 €

272. **Deroux C. (ed.),** *Studies in Latin Literature and Roman History XI*, 2003, 504 p., ISBN: 978-2-87031-213-1 71 €

273. **Lévy C., Besnier B., Gigandet A. (eds),** *Ars et Ratio. Sciences, arts et métiers dans la philosophie hellénistique et romaine. Actes du Colloque international organisé à Créteil, Fontenay et Paris du 16 au 18 octobre 1997*, 2003, 274 p., ISBN: 978-2-87031-214-8 40 €

274. **Puccini-Delbey G.,** *Amour et désir dans les Métamorphoses d'Apulée*, 2003, 317 p., ISBN: 978-2-87031-215-5 50 €

275. **Haan E.,** *Andrew Marvell's Latin Poetry: From Text to Context*, 2003, 536 p., ISBN: 978-2-87031-216-2 52 €

276. **Turcan-Verkerk A.-M.,** *Un poète latin redécouvert: Latinius Pacatus Drepanius, panégyriste de Théodose*, 2003, 194 p. + 3 pl., ISBN: 978-2-87031-217-9 30 €

277. **Defosse P. (ed.),** *Hommages à Carl Deroux IV. Archéologie et Histoire de l'Art, Religion*, 2003, XXIII-567 p. + 72 pl., ISBN: 978-2-87031-218-6 107 €

278. **Peurière Y.,** *La pêche et les poissons dans la littérature latine. I. Des origines à la fin de la période augustéenne*, 2003, 268 p., ISBN: 978-2-87031-219-3 40 €

279. **Defosse P. (ed.),** *Hommages à Carl Deroux V. Christianisme et Moyen Âge, Néo-latin et survivance de la latinité*, 2003, XXIII-619 p. + 13 pl., ISBN: 978-2-87031-220-9 95 €

280. **Aygon J.-P.,** *Pictor in fabula. L'ecphrasis-descriptio dans les tragédies de Sénèque*, 2004, 534 p., ISBN: 978-2-87031-221-6 73 €
281. **Spaltenstein F.,** *Commentaire des Argonautica de Valérius Flaccus (livres 3, 4 et 5)*, 2004, 564 p., ISBN: 978-2-87031-222-3 78 €
282. **Martini M.C.,** *Le vestali. Un sacerdozio funzionale al "cosmo" romano*, 2004, 264 p., ISBN: 978-2-87031-223-0 40 €
283. **Fontanille M.-T.,** *Vieillir à Rome. Approche démographique*, 2004, 94 p. + 8 pl., ISBN: 978-2-87031-224-7 30 €
284. **Chappuis Sandoz L.,** *Terres d'abondance. Paysages et images poétiques de la fertilité et du don dans la littérature latine*, 2004, 478 p., ISBN: 978-2-87031-225-4 62 €
285. **Nadeau Y.,** *Safe and Subsidized. Vergil and Horace sing Augustus*, 2004, 327 p., ISBN: 978-2-87031-226-1 50 €
286. **Colton R.E.,** *Régnier and Horace*, 2004, 81 p., ISBN: 978-2-87031-227-8 30 €
287. **Deroux C. (ed.),** *Studies in Latin Literature and Roman History XII*, 2005, 496 p., ISBN: 978-2-87031-228-5 71 €
288. **Chambert R.,** *Rome: le mouvement et l'ancrage. Morale et philosophie du voyage au début du Principat*, 2005, 411 p., ISBN: 978-2-87031-229-2 57 €
289. **Georgacopoulou S.,** *Aux frontières du récit épique: l'emploi de l'apostrophe du narrateur dans la Thébaïde de Stace*, 2005, 296 p., ISBN: 978-2-87031-230-8 42 €
290. **Burnand Y.,** *Primores Galliarum. Sénateurs et chevaliers romains originaires de Gaule de la fin de la République au IIIe siècle. I. Méthodologie*, 2005, 450 p. + 41 pl., ISBN: 978-2-87031-231-5 60 €
291. **Spaltenstein F.,** *Commentaire des Argonautica de Valérius Flaccus (livres 6, 7 et 8)*, 2005, 575 p., ISBN: 978-2-87031-232-2 80 €
292. **Benferhat Y.,** *Ciues Epicurei. Les épicuriens et l'idée de monarchie à Rome et en Italie de Sylla à Octave*, 2005, 369 p., ISBN: 978-2-87031-233-9 54 €
293. **Rambaux C.,** *L'accès à la vérité chez Tertullien*, 2005, 264 p., ISBN: 978-2-87031-234-6 41 €
294. **Spevak O.,** *La concession en latin*, 2005, 260 p., ISBN: 978-2-87031-235-3 40 €
295. **Scafoglio G.,** *L'Astyanax di Accio. Saggio sul background mitografico, testo critico e commento dei frammenti*, 2006, 157 p., ISBN: 978-2-87031-236-0 30 €
296. **Amato E., Roduit A., Steinrück M. (eds),** *Approches de la Troisième Sophistique. Hommages à Jacques Schamp*, 2006, XXVIII-614 p. + 1 pl., ISBN: 978-2-87031-237-7 89 €
297. **Pedroni L.,** *Crisi finanziaria e monetazione durante le Guerra Sociale*, 2006, 224 p., ISBN: 978-2-87031-238-4 40 €
298. **Guillaumont F.,** *Le "De diuinatione" de Cicéron et les théories antiques de la divination*, 2006, 396 p., ISBN: 978-2-87031-239-1 57 €
299. **Thomas J.,** *L'imaginaire de l'homme romain. Dualité et complexité*, 2006, 246 p. + 3 pl. + 8 fig., ISBN: 978-2-87031-240-7 40 €
300. **Merriam C.U.,** *Love and Propaganda. Augustan Venus and the Latin Love Elegists*, 2006, 121 p., ISBN: 978-2-87031-241-4 30 €
301. **Deroux C. (ed.),** *Studies in Latin Literature and Roman History XIII*, 2006, 496 p. + 1 pl., ISBN: 978-2-87031-242-1 71 €
302. **Burnand Y.,** *Primores Galliarum. Sénateurs et chevaliers romains originaires de Gaule de la fin de la République au IIIe siècle. II. Prosopographie*, 2006, 630 p. + 24 pl., ISBN: 978-2-87031-243-8 80 €

303. **Roman D., Roman Y.**, *Aux miroirs de la Ville. Images et discours identitaires romains (III^e s. avant J.-C. - III^e s. après J.-C.)*, 2007, 442 p., ISBN: 978-2-87031-244-5 63 €
304. **Garambois-Vazquez F.**, *Les invectives de Claudien. Une poétique de la violence*, 2007, 315 p. + 6 pl., ISBN: 978-2-87031-245-2 50 €
305. **Perrin Y. (ed.)**, *Neronia VII. Rome, l'Italie et la Grèce. Hellénisme et philhellénisme au premier siècle après J.-C. Actes du VII^e Colloque International de la SIEN (Athènes, 21-23 octobre 2004)*, 2007, 510 p. + 27 pl., ISBN: 978-2-87031-246-9 78 €
306. **Burnand Y.**, *Primores Galliarum. Sénateurs et chevaliers romains originaires de Gaule de la fin de la République au III^e siècle. III. Étude sociale. 1. Les racines*, 2007, 301 p. + 30 pl., ISBN: 978-2-87031-247-6 50 €
307. **Garcia Quintela M.V.**, *Le Pendu et le Noyé des Monts Albains. Recherches comparatives autour des rites et des mythes des Monts Albains*, 2007, 222 p., ISBN: 978-2-87031-248-3 40 €
308. **Briquel D.**, *Mythe et Révolution. La fabrication d'un récit: la naissance de la république à Rome*, 2007, 354 p., ISBN: 978-2-87031-249-0 53 €
309. **Tordeur P.**, *Deux études de métrique verbale*, 2007, 325 p., ISBN: 978-2-87031-250-6 50 €
310. **Nadeau Y.**, *Erotica for Caesar Augustus. A Study of the Love-poetry of Horace, Carmina, Books I to III*, 2008, 532 p., ISBN: 978-2-87031-251-3 75 €
311. **Lyasse E.**, *Le Principat et son fondateur. L'utilisation de la référence à Auguste de Tibère à Trajan*, 2008, 388 p., ISBN: 978-2-87031-252-0 57 €
312. **Fain G.L.**, *Writing Epigrams. The Art of Composition in Catullus, Callimachus and Martial*, 2008, 238 p., ISBN: 978-2-87031-253-7 57 €
313. **Vallat D.**, *Onomastique, culture et société dans les Épigrammes de Martial*, 2008, 673 p., ISBN: 978-2-87031-254-4 95 €
314. **Roussel D.**, *Ovide épistolier*, 2008, 348 p., ISBN: 978-2-87031-255-1 52 €
315. **Deroux C. (ed.)**, *Studies in Latin Literature and Roman History XIV*, 2008, 529 p., ISBN: 978-2-87031-256-8 76 €
316. **Viré G. (ed.)**, *Autour du lexique latin. Communications faites lors du XIII^e Colloque international de Linguistique latine, Bruxelles, 4 au 9 avril 2005*, 2008, 294 p., ISBN: 978-2-87031-257-5 45 €
317. **Casali S., Stok F.**, *Servio: stratificazioni esegetiche e modelli culturali. Servius: Exegetical Stratifications and Cultural Models*, 2008, 280 p., ISBN: 978-2-87031-258-2 42 €
318. **Spaltenstein F.**, *Commentaire des fragments dramatiques de Livius Andronicus*, 2008, 232 p., ISBN: 978-2-87031-259-9 42 €
319. **Burnand Y.**, *Primores Galliarum. Sénateurs et chevaliers romains originaires de Gaule de la fin de la République au III^e siècle. III. Étude sociale. 2. Les horizons de la vie*, 2009, 382 p., ISBN: 978-2-87031-260-5 55 €
320. **Fratantuono L.**, *A Commentary on Virgil, Aeneid XI*, 2009, 340 p., ISBN: 978-2-87031-261-2 50 €
321. **Loutsch C., Melchior M.**, *Humanistica Luxemburgensia: la Bombarda de Barthélemy Latomus, les Opuscula de Conrad Vecerius. Textes édités, traduits et annotés par Myriam Melchior et Claude Loutsch*, 2009, 238 p., ISBN: 978-2-87031-262-9 40 €
322. **Morzadec F.**, *Les Images du Monde. Structure, écriture et esthétique du paysage dans les œuvres de Stace et Silius Italicus*, 2009, 461 p., ISBN: 978-2-87031-263-6 63 €
323. **Deroux C. (ed.)**, *Studies in Latin Literature and Roman History XV*, 2010, 528 p., ISBN: 978-2-87031-264-3 76 €

324. **Louis N.,** *Commentaire historique et traduction du Diuus Augustus de Suétone*, 2010, 761 p., ISBN: 978-2-87031-265-0 106 €
325. **Van Laer S.,** *La préverbation en latin: étude des préverbes ad-, in-, ob- et per- dans la poésie républicaine et augustéenne*, 2010, 501 p., ISBN: 978-2-87031-266-7 70 €
326. **Vannesse M.,** *La défense de l'Occident romain pendant l'Antiquité tardive. Recherches géostratégiques sur l'Italie de 284 à 410 ap. J.-C.*, 2010, 583 p., ISBN: 978-2-87031-267-4 87 €
327. **Perrin Y. (ed.),** *Neronia VIII. Bibliothèques, livres et culture écrite dans l'empire romain de César à Hadrien*, 2010, 399 p., ISBN: 978-2-87031-268-9 60 €
328. **Burnand Y.,** *Primores Galliarum. IV. Indices*, 2010, 200 p., ISBN: 978-2-87031-269-8 32 €
329. **Nadeau Y.,** *A Commentary on the Sixth Satire of Juvenal*, 2011, 473 p., ISBN: 978-2-87031-270-4 68 €
330. **Hamdoune C., Echalier L., Meyers J., Michaud J.-N.,** *Vie, mort et poésie dans l'Afrique romaine. D'après un choix de Carmina Latina Epigraphica*, 2011, 379 p., ISBN: 978-2-87031-271-1 80 €
331. **Deroux C. (ed.),** *Corolla Epigraphica. Hommages au professeur Yves Burnand*, 2011, 743 p., ISBN: 978-2-87031-272-8 115 €
332. **Rambaux C.,** *La genèse du judaïsme et du christianisme. Les faits et les problèmes dans leur contexte historique*, 2011, 450 p., ISBN: 978-2-87031-273-5 72 €
333. **Galtier F.,** *L'image tragique de l'Histoire chez Tacite. Étude des schèmes tragiques dans les Histoires et les Annales*, 2011, 344 p., ISBN: 978-2-87031-274-2 53 €
334. **Ratkowitsch C.,** *Von der Manipulierbarkeit des Mythos. Der Paris/Helena-Mythos bei Ovid (her. 16/17) und Baudri von Borgueil (carm. 7/8)*, 2012, 105 p., ISBN: 978-2-87031-275-9 30 €
335. **Cavalieri M.,** *Nullus locus sine genio. Il ruolo aggregativo e religioso dei santuari extraurbani della Cisalpina tra protostoria, romanizzazione e piena romanità*, 2012, 221 p., ISBN: 978-2-87031-276-6 44 €
336. **Albertson F.C.,** *Mars and Rhea Silvia in Roman Art*, 2012, 241 p., ISBN: 978-2-87031-277-3 45 €
337. **Thomson M.,** *Studies in the Historia Augusta*, 2012, 155 p., ISBN: 978-2-87031-278-0 30 €
338. **Deroux C. (ed.),** *Studies in Latin Literature and Roman History XVI*, 2012, 670 p., ISBN: 978-2-87031-284-1 92 €
339. **Grillone A.,** *Gromatica militare: Io ps. Igino. Prefazione, testo, traduzione e commento*, 2012, 269 p., ISBN: 978-2-87031-285-8 49 €
340. **Napoli J.,** *Évolution de la poliorcétique romaine sous la République jusqu'au milieu du II^e^ siècle avant J.-C.*, 2013, 239 p., ISBN: 978-2-87031-287-2 45 €
341. **Foucher A.,** *Lecture ad metrum, lecture ad sensum: études de métrique stylistique*, 2013, 274 p., ISBN: 978-2-87031-288-9 49 €
342. **Nadeau Y.,** *Dog Bites Caesar! A Reading of Juvenal's Satire 5 (with Horace's Satires I.5; II.5; II.6; Epistles I.1; I.16; I.17)*, 2013, 100 p., ISBN: 978-2-87031-289-6 30 €
343. **Engels D., Van Nuffelen P. (eds),** *Religion and Competition in Antiquity*, 2014, 307 p., ISBN: 978-2-87031-290-2 51 €
344. **Spaltenstein F.,** *Commentaire des fragments dramatiques de Naevius*, 2014, 708 p., ISBN: 978-2-87031-291-9 99 €

345. **Lusnia S.,** *Creating Severan Rome. The Architecture and Self-Image of L. Septimius Severus (A.D. 193-211)*, 2014, 293 p., ISBN: 978-2-87031-292-6 59 €
346. **Bonet V.,** *La pharmacopée végétale d'Occident dans l'œuvre de Pline l'Ancien*, 2014, 513 p., ISBN: 978-2-87031-293-3 73 €
347. **De Giorgio J.P.,** *L'écriture de soi à Rome. Autour de la correspondance de Cicéron*, 2015, 305 p., ISBN: 978-90-429-3238-8 51 €
348. **Coutelle É.,** *Properce, Élégies, livre IV. Texte établi, traduit et commenté*, 2015, VI-1021 p., ISBN: 978-90-429-3241-8 125 €
349. **Engels D. (ed.),** *Von Platon bis Fukuyama. Biologistische und zyklische Konzepte in der Geschichtsphilosophie der Antike und des Abendlandes*, 2015, 336 p., ISBN: 978-90-429-3274-6 52 €
350. **Erdkamp P., Verboven K. (eds),** *Structure and Performance in the Roman Economy. Models, Methods and Case Studies*, 2015, 238 p., ISBN: 978-90-429-3280-7 45 €
351. **Courtil J.-C.,** *Sapientia contemptrix doloris: Le corps souffrant dans l'œuvre philosophique de Sénèque*, 2015, 620 p., ISBN: 978-90-429-3281-4 90 €
352. **Rüpke J.,** *Superstition ou individualité? Déviance religieuse dans l'Empire romain*, 2015, IV-126 p., ISBN: 978-90-429-3266-1 25 €
353. **Lemcke L.,** *Imperial Transportation and Communication from the Third to the Late Fourth Century: The Golden Age of the cursus publicus*, 2016, 161 p., ISBN: 978-90-429-3356-9 30 €
354. **Broekaert W., Nadeau R., Wilkins J (eds),** *Food, Identity and Cross-Cultural Exchange in the Ancient World*, 2016, 105 p., ISBN: 978-90-429-3304-0 22 €
355. **Beck H., Jehne M., Serrati J. (eds),** *Money and Power in the Roman Republic*, 2016, 238 p., ISBN: 978-90-429-3302-6 45 €